MANUEL MODERNE

DU

SAVONNIER

PAR

MARTIN MARIUS-ALEXANDRE,

ANCIEN FABRICANT DE SAVON,

EN VENTE :

CHEZ LES PRINCIPAUX LIBRAIRES.

—

1861

MANUEL MODERNE

DU

SAVONNIER.

MANUEL MODERNE

DU

SAVONNIER

PAR

MARTIN MARIUS-ALEXANDRE,

ANCIEN FABRICANT DE SAVON, ***

MARSEILLE,

TYPOGRAPHIE ET LITHOGRAPHIE Ve MARIUS OLIVE,

rue Paradis, 68.

—

1861

PRÉFACE.

« La lumière doit luire pour tous. »

Le but de mon ouvrage est de démontrer claire-
ment le mode ou manière de la manutention
qu'exige la saponification des huiles ou de tout
corps gras, sans exception, et de pouvoir reconnaître leurs valeurs, *au litre*, par un procédé
simple, peu coûteux, sans le secours de la Chimie.

Ayant débuté sur l'art savonique depuis 1835,
et pensant que mes lecteurs, en majorité, seront
des savonniers, lesquels envieront à compulser
mon ouvrage par leurs justes compétences, je me
soumets volontiers et par avance à leurs verdicts et
me propose donc de me servir et agir qu'en termes
techniques ou de l'art, sans ennuyer mes lecteurs,
persuadé que je serai compris facilement par mes
collègues, leur promettant cependant de ne rien

oublier pour ce qui concerne cette branche d'indus-
trie commerciale, placée au premier rang, et
espérant me rendre utile en la divulguant; la
chimie n'y figurera pas, attendu que cette science
m'est inconnue, mais la théorie et la pratique de l'art
du savonnier y siègeront, sans exception, à moins
que ma mémoire me fasse défaut, et dans l'espoir
d'atteindre le but désiré, lequel est, que pour peu
qu'un ouvrier savonnier soit intelligent, sachant
lire et écrire, et une fois imbu desdits principes,
il pourra occuper une place comme contre-maître
savonnier dans l'espace de trois mois, et c'est ce
qui m'a décidé à écrire et que ce n'est que l'amour
national qui a été mon guide et non la cupidité.

MANUEL MODERNE

DU

SAVONNIER.

Genre de construction la plus avantageuse d'une Fabrique à Savon.

La première observation, c'est l'argent, premier moteur le second suivant les circonstances, c'est l'emplacement ; passons outre et abordons la question dans son sens réel et occulte quoique simulé et au choix. On peut fabriquer du savon blanc, bleu pâle, bleu vif, bleu vif rouge et bleu pâle, dit gras, avec une seule chaudière ; mais le mode le plus convenable et le plus lucratif pour le fabricant, le tout bien calculé, la construction doit être de trois chaudières au moins ; maintenant n'importe la capacité ou contenance de l'une d'elles, bien entendu qu'une fois un nombre adopté, elles soient toutes trois régulières, c'est-à-dire, même capacité et contenance.

Je suppose que chaque chaudière à construire puisse recevoir un chargement de 25 à 120 millerolles huile, non compris bien entendu le levain nécessaire, et observons que le nombre de 120 millerolles en chargement, est le nombre le plus haut porté, qu'en le dépassant l'opération deviendrait fausse, nuisible, attendu que les ouvriers madreurs ne pourraient, par leurs propres forces, ne madrer qu'une demi-cuite, ainsi plus de main-d'œuvre, plus de terre aussi à enlever.

Pour construire et placer lesdites chaudières, coût bien cher et dépenses plus fortes en matériaux et main-d'œuvre, en maçonnerie et le tout inutile.

Revenons donc au chiffre de 25 à cent millerolles; plus elles contiennent, plus elles offrent de l'avantage au fabricant assuré d'y trouver dans le courant de l'année, économie de lessive, de main-d'œuvre et une quantité de savon plus forte en fabrication, suivant la portée des chaudières, etc, etc; donc si la fabrique est composée de trois chaudières il faut pour chaque chaudière son fourneau, plus trois barquieux au moins, qu'on appelle mène, et à chaque barquieu deux récipients sont indispensables en tout; donc neufs barquieux servent au lessivage, et plus un ou deux barquieux qu'on appelle barille avec ses récipients lesquels servent exclusivement pour le levain à l'empatage et ensuite un autre barquieu pour le salé pur indispensable toujours avec ses récipients; il faut aussi à chaque chaudière un jeu de mises, en tout neuf mises séparées chacune d'elles par une fauque en bois. Chaque compartiment recevant la moitié de la pâte d'une cuite, soit savon bleu pâle, bleu vif, etc.; et plus un mison, lequel sert d'entrepôt pour les débris de savons, bleu pâle et vif, etc.

Il faut aussi un ou deux trous de recuit au devant des mises, lesquels reçoivent les lessives quand on tombe les fauques à une cuite pour pouvoir la relever. Plus une mise ou deux quand c'est possible, lesquelles doivent être placées au premier étage avec petits maccarrons en bois servant à y découler la pâte de savon blanc, et cette mise contenant toute la cuite doit être divisée en trois compartiments au moins. Admettez, je suppose, que le chargement d'huile soit de 60 millerolles alors à quatre compartiments, pour un chargement de 80 millerolles, de cinq à six compartiments, et sur un chargemement de 100 à 110 millerolles, jusqu'à sept compartiments ; nous dirons plus tard pourquoi. Ces compartiments doivent être tracés et profiter autant que possible de l'emplacement, à ce qu'il tombe ou contienne une quantité de pains de savon blanc par un nombre déterminé. 8 ou 10 pains de plus par compartiment n'y font rien, mais seulement, avant de les établir, il est indispensable de tracer la place par le moyen d'une longue règle en se servant de l'équerre ainsi que du compas ; en prenant avec ce dernier le long et le large desdits pains des savons blancs et ayant déterminé le nombre n'importe lequel, placé en long ou en travers seulement, il faut calculer de construire lesdits compartiments, et éviter autant que possible le moins de rétail possible en savon blanc, en ayant bien assez de ceux que l'on ne peut éviter en négociant, etc.

Le magasin à soude doit être aussi vaste que possible, afin de pouvoir recevoir une grande quantité de soude douce et lui donner le temps de se furer d'elle-même ; ce qui épargne, dans le courant de l'année, main d'œuvre du *picaïré*, et vous procure aussi des lessives moins chargées en sulfure, l'air la dévorant en partie. J'avoue à la vérité que le fabricant y perd en maximun en suivant ce système de 1 à 2 degrés en alcali ; mais il en est fortement dédommagé

par la main d'œuvre, la couleur de ses lessives et l'accélé-
ration prompte qu'exige souvent de charger un barquieu ;
soit par la coction ou empatage. Ledit magasin sert à contenir la soude douce et la soude salée, en les séparant bien
entendu, et ayant deux *picadous* afin qu'il n'y ait pas de
mélange, une caisse en bois est indispensable, où l'ouvrier
s'y place pour pulvériser la soude, quand elle n'est pas
furée ; ce qui l'évite des éclaboussures que produit le coup de
platin. Une grosse pierre en taille est indispensable, dite
avance, pour casser en partie les blocs ou gros morceaux de
soude, qu'on appelle *avances*, avant de passer au *picadou*,
et ce par le moyen d'une masse en fer.

Une place doit être aussi affectée pour y déposer les
pierres de chaux, et choisir un endroit sec et que l'air n'y
communique le moins possible, et active lentement la déflo-
raison de la chaux, ou délétation ; au reste rien n'est perdu,
vu que la partie de chaux délétée sert pour les couches où
on coule les savons blancs, en ayant soin de les passer à
travers un crible fin ou tamis ; tandis que celle en pierre
sert pour le mélange des barquieux en la délétant, par le
moyen de petites lessives, pour profiter de quelques degrés
qu'elles contiennent ou avec de l'eau pure au besoin.

Il faut que la cave soit assez spacieuse, afin que le savonnier ou ouvrier savonnier, ne soit point gêné en faisant feu,
soit en le *grapégeant*, ou en le tombant, ou épinant et
surtout en tirant ledit matras pour pouvoir le fermer hermétiquement. Dans le cas contraire, ils doivent être cons-
truits en deux pièces. On doit reserver aussi dans ladite
cave, un emplacement pour le charbon de pierre, placé au
centre des chaudières et y faisant face, ou à l'une des deux
extrémités de la cave au besoin, et à l'autre extrémité, un
trou de recuit, lequel doit être séparé par un mur mitoyen,
pour les fabriques qui font du savon bleu pâle et blanc,

les lessives ne se mêlant pas de cette manière, et le même corps de pompe suffit pour alimenter les barquieux desdites lessives ; seulement, deux becs doivent être adaptés audit corps de pompe, afin que l'on puisse pomper, quand le besoin le réclame , soit en lessives pour le recuit des mênes savons blancs, comme celles des savons bleus pâles ; en observant que la principale rigole placée au sol de la cave, deux issues soient pratiquées à l'extrémité de ladite, et par le moyen d'une pièce de toile, ou éponge, on bouche l'issue où la lessive ne doit pas tomber, en plaçant ladite avant que de faire épiner, si une, deux ou trois épines existent dans la cave, on doit pratiquer, à chacune d'elles, une ouverture ou regard, aboutissant perpendiculairement du sol de la fabrique sur l'épine , avec grillage en fer. Par cette ouverture on retire, par le moyen d'un *pouadou*, le peu de pâte qui surnage sur les lessives des épines, sans descendre dans la cave ; ainsi qu'un service de bou , toutes les fois que l'on doit monter sur une chaudière pour lever la cuite de pâte, autant pour le savon blanc, lorsque la pâte est cuite. Mettant cette lessive, dit bou , dans un récipient, laquelle une fois refroidie, sert pour un service ne devant pas la laisser aller au trou du recuit.

Lesdites ouvertures facilitent l'évaporation de la fumée des services que l'on épine souvent de jour et de nuit, vivifient l'air de la cave et aident aussi à alimenter les courants d'air à la cheminée, et économisent souvent dans la journée l'éclairage de un ou deux calens. Au-dessus de la charbonnière , une ouverture est aussi indispensable, par laquelle on y introduit, du sol de la fabrique, le charbon de pierre. Un lit de planche doit être placé, n'importe le bois, au sol de la cave, où on dépose le charbon, pour éviter l'humidité au combustible. Son dit regard doit être placé à ce qu'on puisse y déposer le charbon par le sol ou plan de la fabrique, sans gêner nullement les autres services, qui se font ou se pratiquent sur le sol, et éviter que nul ouvrier ne s'oxpose à laisser tomber, sur ledit charbon, aucun liquide, afin d'éviter un incendie, comme cela arrive parfois, et enflammer ledit combustible, qui, le cas échéant, en bouchant hermétiquement la porte de la cave et tous les trous à ciel-ouverts du plan de la fabrique ou regard, le feu est éteint de suite.

Il est, j'ose dire, indispensable d'avoir une pile a huile, plus ou moins grande, divisée en trois parties par des murs solides et propices à former trois piles, et ce, d'une capacité voulue, plus ou moins grande, suivant la contenance des chaudières et le travail en saponification, dont l'exploitation du fabricant aurait à profiter plus ou moins. Inutile de dire de faire à chacune d'elles, au sol, une excavation en forme de tian, comme pour les récipients et trous de recuit; ce qui facilite lorsqu'on veut mettre à sec pour le nettoyage.

Chaque pile doit avoir aussi son regard ou cadre en pierre de taille posé pour pouvoir placer son pourteau, un cadre en bois avec bande de fer, pour pouvoir fermer à cadenas. Ces piles doivent être placées, quand c'est possible, de suite après le seuil de la porte d'entrée de ladite fabrique; et même en face directement des chaudières, et la bascule adossée et rapprochée autant que possible de la même porte d'entrée; attendu qu'il est facile à concevoir, qu'en déchargeant, les charrettes mettent en cul sur le seuil de la porte d'entrée. Lesdites futailles d'huile une fois pesées, si elles sont destinées pour les piles, on les vide, et si on doit les employer à un chargement, on les met sur les chaudières au moyen d'un poulain; bien entendu quand la fabrique est en mouvement; levain préparé en quantité, chaleur et alcali voulus, ces rapprochéments vous activent et accélèrent le travail, et vous économisent de la main-d'œuvre.

Il est à observer que chaque chaudière doit être surmon-
tée d'un couronnement en pierre de taille au lieu de briques,
quand c'est possible; attendu qu'il est plus facile à l'ouvrier
savonnier à tenir propre le bord, et les dégradations plus
difficiles qu'en briques, moins assujettis à ce qu'il tombe
des morceaux de brique ou plâtre; lesquels dégradent la
pâte du savon, et peuvent même occasionner une rupture d'un
cuivre à l'empâtage. Il faut malgré cela toujours un jeu de
bords en bois, comme d'usage, lequel sert souvent aux empâtages, ainsi qu'à la levée des cuites bleu pâle et vif; indispensable à la liquidation des savons blancs. Ce dit bord
en bois est fixé sur le paroi de la chaudière et retenu par
une forte chaîne en fer, et tous les joints des bords sont
cimentés au moyen d'une truelle, par un ouvrier, avec la
pâte que contient ladite chaudière, en y ajoutant de l'eau
pure, quand la pâte est grainée ou saturée, ou autrement
dit cuite.

Il est bon à observer, que deux épines suffisent à trois
chaudières, en faisant tomber la lessive des n. 1 et 2 dans
la même épine, et deux suffiraient pour quatre chaudières,
en deversant et plaçant les gouttières des matras dans les
n. 2 et 3.

La cheminée doit être construite tout en briques avec
clés en fer, et il convient de la placer au centre des fournaux,
afin que les chaudières qui se trouvent aux extrémités
reçoivent le même courant, ou tirant d'air valable à pouvoir
fonctionner, et ce sont celles que d'usage l'on doit employer,
soit pour l'empâtage et la liquidation du savon blanc, craignant rarement un coup de feu, et l'on doit opérer la coction dans celles qui sont le plus rapprochées de la cheminée;
ce qui active la saturation.

Il faut au moins deux tables en bois, solides à l'yssau-
gant des bleu pâle et vif, dont l'une sert au racleur et

au réfendeur, et l'autre au *coupaïré*, ainsi que ses jeux de moules en bois de noyer et une table en bois, seulement pour les savons blancs; la même servant à couper les pains et à les négocier plus les *tirettes* avec manche en bois servant à couper les savons bleu pâle vif et savon blanc ; mais il faut vous observer que pour les bleu pâle et vif surtout les recuits, le fil en laiton soit cuit, ce qui fait qu'ils ne se brisent pas si fréquement. Plus les canaux voulus, indispensables pour pouvoir couler les pâtes des savons bleu pâle et vif, aux mises.

Un mot sur la construction des Mises.

Les mises pour les savons bleu pàle et vif doivent être d'un carré parfait, quand l'emplacement vous le permet, et ce, afin que la pâte arrive en même temps et atteigne les quatre coins des murs, vu que ce n'est qu'alors qu'on peut juger de l'œillement ; c'est-à-dire, s'il tient en plaçant, toujours comme d'usage, le canal bien au milieu de la mise, ce qui vous évite des fusées, lesquelles produisent nécessairement aux mises, non carrées, vice par le refroidissement de la pàte avant qu'elle arrive aux extrémités des murs, et courant pour atteindre l'extrémité du mur le plus éloigné, et la pâte arrivée déjà à une extrémité, sa lessive s'en détache et s'unissant à la lessive qui tombe du canal traversant ladite pâte, procure lesdites fusées. La profondeur desdites mises devrait être aussi de 24 pouces, au lieu de

19 pouces, attendu que les escoudens que l'on place sur les maccarrons des mises, ne suffisent souvent jamais pour contenir toute la pâte, et on est obligé de saigner la seconde mise, ce qui procure de la main-d'œuvre, et vous occasioner souvent une perte ou suintement en lessive, en le bouchant de nouveau, et ensuite ces pains dépassant le bord ou maccarron sont plus susceptibles de s'écorner soit en faisant danser les pains, ou en les coupant, et même en traçant la pâte de ladite mise.

Soude factice ou artificielle et cendre naturelle.

Anciennement l'on ne se servait, pour la fabrication, que des soudes végétales, soit douces ou salées, dites bourdes, provenant de plusieurs et différents pays, mais principalement d'Espagne ; ayant toutes leur nom, lesquels leur dérivaient, soit du noms des villes ou des communes où on les fabriquait, ou du nom des arbustes, arbrisseaux, plantes ou herbes que l'on brûlait dans les champs et dans des fosses plus ou moins grandes et dont leurs cendres, en faisaient la production, époque à laquelle les soudes artificielles n'étaient pas connues. Les soudes douces étaient réservées pour l'empâlage, n'entrant dans les barquieux qu'avec un faible mélange de chaux et choisissant toujours les plus douces, telles que les barilles, les alicantes, etc., etc. Toutes les autres espèces étaient mêlées ensemble avec une partie bourde ou salée naturelle, servaient à la coction et aux autres services savoniques, et en y mêlant toute espèce de cendres. Aujourd'hui on ne se sert plus de toutes ces sortes de soudes naturelles végétales, soit douces ou salées, les soudes factices les ayant remplacées.

Je ne m'étendrai pas sur l'art ou la manière de leur fabrication, attendu que ne connaissant pas la chimie et n'ayant jamais eu nul apprentissage concernant leur fabrication ; je dirai seulement, que tout savonnier doit savoir que la fabrication des savons exige deux espèces de soude, dont l'une est appelée soude douce alcaline, salée en quantité moindre, remplaçant les barilles, etc., etc. L'autre, dite salée, mais alcaline, remplaçant les bourdes anciennes ; toutes deux sont artificielles. La première sert à se procurer des lessives douces et alcalines sans mélange de soude salée ; on peut y introduire une quantité plus ou moins forte de cendre des foyers, le même qui sert pour les lessives du ménage, et le produit ou lessive desdites soudes faites à froid et chargées à l'eau pure, ou par ces mêmes lessives dites 3me ou 4me faibles en degré, tandis que la soude salée, remplaçant la bourde, rentre en mélange avec la soude douce alcaline, toujours avec mélange de chaux et ces lessives servent au relargage, services et sont propres à procurer un grain voulu à la pâte ; pour l'entière coction nous en développerons leurs quantités et titres adoptifs, plus ou moins voulu de leur moment opportun : c'est-à-dire, lorsque nous traiterons du lessivage, empâtage, relargage, coction et levée des cuites blanc, pâle ou vif. Pour la fonte des savons blancs et la liquidation en désignant les quantités approximatives, leurs degrés et la manière de s'en servir en savonnerie, et la quantité salée, que l'on doit mettre sur les barquieux à coction, suivant les saisons.

Les soudes artificielles sont vendues aux fabricants de savons, pour ce qui concerne les soudes douces, au titre de

33 degrés en alcali ; un portefaix ou maître portefaix titré, un des plus anciens, choisit lui-même les échantillons à la livraison, et ce, en présence du fabricant de soude ou de son commis, et du fabricant de savon ou de son commis qui le représente, et voici comment : sur une livraison de 10,000 kilogrammes environ, soude plus ou moins, il met à part dans un cabas ou couffin et en morceaux, environ six kilogrammes, sur ces six kilogrammes trois sont pris du ventre desdits blocs en pierre de soude, ou autrement dit au cœur du pain, un kilogramme et demi du centre, et un demi kilogramme de la croute ou superficie, attendu qu'il est prouvé que la partie du ventre dudit pain, contient moins d'alcali que le cœur, et que c'est la plus grande partie évaluée à la moitié du poids total, que le cœur dudit pain et que le centre contient plus d'alcali, et que la quantité en poids est la moitié évaluée à celle du ventre, et que la croûte ou superficie du pain est beaucoup plus riche en alcali que les deux autres parties, et est évaluée en poids à un donzième. Cette opération, sans être bien juste, est faite aussi consciencieusement que possible, et est la seule pratiquée d'usage, et fait loi ; ce mélange étant terminé, le même portefaix en remplit un bocal contenant environ deux kilogrammes desdits morceaux, lequel est hermétiquement fermé, ficelé, enveloppé d'une bande en papier ou couvercle, et sur laquelle le fabricant de soude ou son commis applique le cachet ou raison de commerce dudit fabricant de soude ; on en fait de même à un second bocal, et à l'instant même un bocal est transporté chez le pharmacien chargé d'en faire l'analyse, et l'autre bocal scellé reste intact ; lequel sert, au besoin, en cas de contestation, chez le fabricant de savon comme second et même échantillon. Ainsi les parties sont d'accord que les degrés trouvés par le pharmacien, après analyse faite, servent de base aux deux par-

ties intéressées, et ne peuvent y revenir, sans aucune forme de procès, qu'à exiger une nouvelle analyse du bocal intact scellé et déposé chez le fabricant de savon, et les conventions sont , que si les degrés trouvés dépassent le chiffre de 33 degrés , le fabricant de savon n'a aucune bonification à faire au fabricant de soude, et que par contre, si le degré de 33 n'est pas trouvé, le fabricant de soude est tenu de bonifier au fabricant de savon les degrés manquant sur toute ladite livraison, forte ou minime. Il en est de même pour la soude salée, au titre de 20 degrés ; mais il est bien rare qu'on fasse faire l'analyse de cette dernière , attendu que le titre convenu en alcali dépasse habituellement le titre convenu, et qu'ensuite la consommation de la soude salée est minime eu égard à celle de la soude douce , dont vous pourrez vous convaincre, compulsation faite d'après mon manuel.

Maintenant il est de mon devoir de dire, et ce, par expérience, sans avoir nulle notion sur la fabrication de la soude, que j'ai reconnu sur bien des livraisons de soude, soit pour mon compte ou d'autrui ; je dirai comme savonnier pratique et théorique, et sans le secours de la chimie , qui m'est totalement inconnue , j'ai reconnu, dis-je, que toutes les fois que nous recevions une livraison de soude douce alcaline dont le grain était régulier, j'entend par ce mot, qu'on n'apercevait pas des morceaux de pierre non concassés, ainsi de même que du charbon de pierre ; ce qui représentait alors à l'œil une matière unie, bien dure, cuite à son degré de décrépitation voulu, ayant une apparence grisâtre foncée, et étant moi-même chargé d'en faire l'analyse, j'y trouvais quelque degrés en sus du titre de 33, en opérant par le système Descroisille, qui en est l'inventeur, tandis que quand la soude avait un aspect bleuâtre, c'est-à-dire un gris trop prononcé, et qu'on y apercevait des pierres froides non en-

tièrement concassées, ainsi que des morceaux de charbon,
j'y trouvai toujours quelques degrés de moins et même au-
dessous de 33, faisant mon analyse avec beaucoup d'attention
comme d'habitude, et me servant du même procédé de
M. Descroisille. J'étais à même aussi de m'en convaincre en
pesant les premières lessives qui découlaient, soit du barquieu barille, dit neuf, observant soit qu'il fut chargé avec
de l'eau pure ou soit avec des lessives faibles, bien entendu
toujours à froid comme on le pratique ; je trouvai une différence en degrés comme par le proeédé de M. Descroisille, à la
vérité pas aussi sensible ; ce qui me confirme ce que je viens
de citer. Maintenant est-ce de la coction, de la manipulation
des différentes matières qui y rentrent, ou d'une trop grande
partie de sulfate, ce que je ne puis conclure et laisse au
fabricant de soude ou de son contre-maître, à décider ou
résoudre la question, me trouvant incompétent, n'ayant
jamais même subi un apprentissage dans cet art.

Manière de faire l'essai des Soudes douces alcalines, propres à la barille et coction.

Il faut piler dans un mortier une quantité d'un kilogramme de soude au plus, la passer ensuite dens un tamis
bien fin, peser ensuite le quantité de deux gros quarante
quatre grains ou soit la pesanteur d'une pièce de deux
francs, que l'on mêle avec quatre onces six gros et vingt-
deux grains d'eau pure, agiter ce mélange pendant une

heure au moins, et laisser reposer ledit jusqu'au lendemain,
en ayant soin de le bien boucher hermétiquement ; ensuite
prendre la moitié et la contenance de cette eau ou lessive
qui est reposée et claire, la mettre dans un verre à boire,
en ayant soin de la faire passer à travers un papier filtre ;
prendre ensuite l'alcalimètre de M. Descroisille, qui en est
l'inventeur, le remplir jusqu'à zéro de liqueur d'épreuve qui
n'est absolument que de l'acide sulfurique à 10 degrés, et
vous versez à petites doses dans le verre et ayant du papier
dit tournesol, lequel vous plongez dans le verre par intervalle ; quand l'opération est à son terme ou à son véritable
point que l'on cherche, ledit papier change de couleur et
acquiert une couleur donnant sur le rouge, et en même
temps une décrépitation se manifeste dans le verre, et même
par une moins sensible avant que d'arriver à bonne fin.
Etant donc prévenu par cette decrépitation, en apercevant
votre papier tournesol devenu du gris et se métamorphosant
en rougeâtre, vous vous arrêtez, dis-je, et vous n'avez qu'à
consulter l'alcalimètre, et voir la consommation que vous en
avez extrait en versant sur votre lessive, et le degré que
marquera votre alcalimètre sera le degré voulu et réel que
contient votre livraison de soude ; voila toute l'opération à
faire.

Je citerai aussi la cendre des fours à chaux des collines ou
le fond ou résidu dudit four à chaux, y trouvant une ou
deux charretées de cendres, d'un poids de 1,600 kilogrammes environ de cendre, qui est produite par des arbustes
variés, tous en général aromatiques, et sa lessive est très
propre, utile et très-active pour la liquidation des savons
blancs ; l'ayant employée moi-même pour mon compte, ne
payant que le transport de ladite cendre ; et quand nous
serons à démontrer de la manière dont on doit charger les
barquieux, nous la dévoilerons, ainsi que de l'effet subit

qu'elle produit à faire tomber le gras des savons blancs lorsque nous parlerons de la liquidation des savons blancs. Pensant être le seul fabricant peut-être dans toute l'Europe qui les ait employées.

La Chaux.

La chaux est d'un grand secours pour la lixivation des lessives, des soudes en général : mais elle demande à être bien cuite afin qu'elle produise tout son effet dans les barquieux. Elle aide par son concours au mélange, à accélérer et à dépouiller la soude de son alcali et de son sel, et rend encore lesdites lessives beaucoup plus caustiques par son gaz, son stimulant, par son influence et intermède.

Anciennement les savonniers employaient moins de chaux, proportionnellement à aujourd'hui, cependant il a été reconnu par nos savonniers modernes qu'ils auraient dû en employer plus que ce qu'on en emploie aujourd'hui, attendu qu'ils n'avaient que des soudes végétales naturelles, lesquelles réclamaient une quantité de chaux ci-dessus énoncée, ces qualités de soude étant beaucoup plus difficiles et plus longues à se désemparer de leur alcali. La chaux a la vertu de rendre nos lessives plus claires, plus transparentes et préserve aussi nos savons d'un teint rouillé, attendu qu'elle enlève et brûle une partie d'acide carbonique, dont nos matières sont chargées ; économise, dis-je, par sa célérité à faire dépouiller l'alcali et le sel des soude ; productive à ce qu'elle donne et procure de la causticité aux lessives, attendu qu'il est reconnu que plus une lessive es caustique, plus elle est propre à la saturation de la pâte. Elle économise donc encore de la lessive et épargne en même temps de la main-d'œuvre, convenons donc qu'elle est d'une grande utilité en savonnerie.

Vous savez tous que la chaux à employer doit être en pierre et non délitée ou furée qu'au moment ou l'on s'en sert.

Il existe deux sortes ou espèces de chaux ; produites toutes deux par la coction des pierres froides ou calcaires ; mais l'une est cuite avec les fascines des collines et produit un volume plus grand en la mouillant, et on l'appelle donc chaux des collines, et l'autre s'appelle scarabie, parce qu'elle est cuite avec de la houille ou résidu de charbon de terre. Cette dernière ne produit pas autant que la première en volume, en la mouillant ; mais elle serait préférable pour les barquieux, parce qu'elle est moins sujette à se délétérer d'elle-même, généralement mieux cuite, plus sabloneuse, par conséquent plus propre à la filtration des lessives et au détachement de l'alcali et sel que contiennent les soudes.

Du Carbon de pierre

Ce combustible est préférable à tout autre, concernant l'action du feu en savonnerie.

Il existe plusieurs espèces ou qualités ; l'un est plus brillant, l'autre plus mât. Le premier brûle plus facilement : peu de peine pour l'ouvrier fougonnier ; mais comparaison

faite et établie, la consommation est plus forte, par conséquent plus onéreuse pour le fabricant ou consommateur
dudit combustible ; tandis que l'autre qualité demande, à la
vérité, plus d'attention, vu que le charbon se trouvant plus
gras, il exige de la part du fougonnier, à ce qu'il le grappège
plus souvent ; mais en revanche, sa chaleur est plus forte et
de plus de durée, et moins susceptible de vous faire éprouver
un coup de feu, en ne pas ou moins le grappégeant ; et il est
beaucoup plus facile à se procurer une chaleur vive lorsque
l'opération le demande, et conclusion faite, plus lucrative
pour l'exploitant, par la raison que l'on économise au moins
un tiers de charbon en poids ; par conséquent, économie
pécuniaire et économie en main-d'œuvre et transport. Plus
satisfaisant et plus propre suivant les opérations que réclame la savonnerie, et ensuite, lorsqu'on jette leurs cendres
à la voirie, le fougonnier doit avoir soin d'enlever une partie
dudit résidu, que l'on appelle cock, matière non entièrement épuisée ; laquelle sert à brûler de nouveau, soit sur
nos grilles, pour alimenter le feu des chaudières, ainsi que
pour les poèles et fourneaux de cuisine.

Des huiles en général ou corps gras.

Ne voulant pas décrire longuement le mode ou manière
dont on se sert pour obtenir l'huile d'olive, chaque pays
ayant son usage et étant tous différents, je citerai seulement
que le genre des moulins dits ressences sont, suivant moi,
les plus lucratifs, tant pour le propriétaire desdits moulins

que pour les particuliers, et en voilà la preuve justifiable :
une maulte ou 20 doubles décalitres d'olives vous donne
une quantité d'huile égale et d'un goût aussi bon qu'aux
moulins dits à sang, et qu'ensuite dudit marc d'olive résul-
tant ou provenant des 20 doubles décalitres d'olives, on vous
donne encore de 10 à 12 litres d'huile, laquelle n'est propre qu'à l'éclairage ou pour fabrique ; ce qui n'en cons-
titue pas moins un avantage réel pour les particuliers,
sachant que ledit lavage que l'on opère dudit marc d'olive
enlève entièrement toute la partie d'huile, il n'y reste donc
plus que le noyau et la pulpe, le tout sec et net.

Il est vrai que le coût de la maulte ou 20 doubles décalitres, coûte au particulier ou détenteur des olives, 1 franc
50 centimes ou 2 francs de plus qu'aux autres moulins à
sang ; mais avec un produit de 10 à 12 litres d'huile de
rendement de plus, malgré que cette huile ne vaille en rapport 10 centimes de moins par litre, de celle appelée man-
geable ; on en trouve, il n'est pas moins vrai, calcul fait, un
aventage réel, incontestable, et les propriétaires desdits
moulins, trouvent aussi le leur, se réservant la partie des
noyaux des olives triturées, servant de combustible, en
adoptant la grille inventée par M. Clauzel de Marseille.

La pulpe aide aussi à motiver le combustible, elle est propice aussi à la nourriture des animaux domestiques tels que :
porcs, bœufs, vaches, bourriques. On doit avoir soin de
déposer cette dite pulpe sur un plancher, en la disséminant ;
paréger de temps à autre et tenir les fenêtres ouvertes
quand le temps est au beau, afin qu'elle ne fermente ou
s'échauffe, ce qui la rendrait alors impropre. Je ne parlerai
pas du mode et produit des huiles de graines de toute
espèce, toutes mues par la vapeur, à Marseille ou à sa ban-
lieue, en renfermant une quantité à citer, et profite du moment pour dire, qu'avec tout son matériel immense voulu,

pour parvenir à l'extraction desdites huiles, les frais qu'exigent la vapeur et la main-d'œuvre ; leurs résultats en produits comparés proportionnellement, ne doivent atteindre ceux des moulins à ressence ; vu que le triturage s'obtient par le moteur de l'eau, ainsi que le lavage du marc moyen. Il me semble que l'on pourrait bien adopter à ces dites usines, en choisissant un local propice pour les eaux servant au détritage et au lavage à leurs dits marcs, comme à ceux des olives ; à la vérité, les tourteaux manqueraient à l'agriculture comme engrais, ce dernier ne contenant plus aucun indice même de corps gras. Finissons et disons que la manutention exigée pour en extraire l'huile, mérite beaucoup d'attention et d'expérience, tant pour la quantité du produit que pour la qualité plus ou moins bonne. Les soins, la connaissance de l'ouvrier ou liquidaire, et même la température, la qualité, son humus plus ou moins abondant, la vigueur variant aussi aux arbres d'où provient ce fruit ; jouent tous un grand rôle concernant l'extraction ou le dépouillement des huiles d'olive, et s'il fallait résoudre les cas qui se présentent et les développer, pour pouvoir les résoudre, un fort volume n'y suffirait pas pour les démontrer. Laissons donc notre triturage et parlons en indiquant un moyen dont on se sert, mais pas toujours malheureusement. Moyen bien simple, ne réclamant pas la sience de la chimie, et quoique simple et facile, c'est le seul pour mon compte qui puisse vous faire acquérir une idée juste aussi rapprochée que possible, concernant la quantité plus ou moins, en poids, que pourront vous rendre les huiles d'olive en savon et leurs couleurs différentes qu'elles produiront en savon après leur saponification entièrement terminée.

Je m'abstiendrai de citer le nom de toutes les huiles d'olives dérivant du pays ou des contrées où on les récolte, et étant toutes connues par nos anciens et nouveaux savonniers ;

donnant plus ou moins de poids en savon d'après leurs classement; ainsi que leur couleur, tant avant leur emploi qu'après leur saturation complète seulement. Je poserai et classerai en première ligne, les huiles d'olives, surtout coupées et mélangées parmi elles, mais, bien entendu, toujours avec de l'huile d'olives; ce qui vous donne une opération plus facile à l'empâtage, une pâte ne laissant rien à désirer, tant à l'odorat que pour le rendement du poids en savon, variant d'un kilogramme à cinq kilogrammes par millerolle de plus que sur vos huiles de graines, surtout celles épurées à l'acide sulfurique; lesquelles ont perdu une partie de leur corps, ne peuvent donc donner qu'un poids médiocre. Autre inconvénient; le savon, un mois après, prend une teinte rouge et empirant toujours par la suite; cet acide nuisant au linge, plus de peine aux lessiveuses pour pouvoir rendre leur linge propre. Ces dernières huiles, les assimilant toutes en grand qui plus ou moins, procurent au fabricant : 1° plus de main-d'œuvre ; 2° consommation plus forte en lessive ainsi qu'en combustible; 3° moins de poids en savon et donnent ou procurent une couleur à l'œil moins éclatante que celle des huiles d'olives.

Maintenant je me demande si un fabricant de savon qui fait tous les jours des achats en huiles, peut s'occuper de la chimie, ou les donner en échantillon à un chimiste pour qu'il en fasse l'analyse ; je dirai que cela se trouve impraticable. Ainsi nous allons citer le moyen le plus facile, le plus bref et le plus sûr, pour pouvoir s'assurer, à quelque chose près, de son rendement en poids, ainsi que de la couleur que vous obtiendrez après son entière saponification. Admettons donc que sur le quai, un fabricant de savon, traite une partie huile en barrique ; il commence par juger par lui-même, par la bonde, de sa couleur et par la prouvette que l'on introduit jusqu'au fond de la barrique, et en en répan-

dant quelques gouttes sur un morceau de papier blanc, on
y aperçoit la moindre sénille que peut contenir l'huile, la
couleur blanche du papier vous la faisant apercevoir ; mais
pour en reconnaître le corps, il n'y a qu'à prendre un échantillon, toujours par le moyen de la prouvette, laquelle vous
permet de pouvoir juger de la qualité de l'huile depuis la
bonde jusqu'au fond de la barrique, en observant de laisser
remplir toutes les chambres de la prouvette, et la bien fermer avant que de la retirer ; en prendre environ un décilitre
de chaque futaille, lequel vous sert d'échantillon que l'on
porte à la fabrique, en ayant soin de l'empâter à froid sur
une assiette avec de la barille de 8 à 10 degrés au plus
pour les huiles d'olives, et par ce simple procédé, vous pouvez juger approximativement de la qualité de cette huile,
c'est-à-dire, que s'il empâte facilement, spontanément et
présente de suite un corps solide, c'est une preuve que l'huile
abonde en stéarine, ce qui vous dénote une huile grasse,
promettant un poids avantageux, et si la couleur dudit
empâtage à froid apparaît blanche, le savon, à la coupe,
paraîtra de même ; si elle est moins blanche, le savon paraîtra moins blanc ; jaune, jaune ; vert, vert, ainsi de suite ;
ainsi donc toutes ces preuves visibles, faciles et nullement
dispendieuses, doivent parfaitement vous servir de guide
dans leurs achats.

Chacun sait qu'on peut obtenir du savon par le moyen des
lessives avec tout corps gras, qualité plus ou moins bonne
et en poids plus ou moindre. Je m'abstiendrai de parler de
tous ces différents corps gras, craignant d'ennuyer le lec-
teur, je dirai seulement que de tous les essais que j'ai fait
en savon desdits corps gras, le lait est celui qui m'a donné
le moins de poids ; le coût et sa main-d'œuvre seraient rui-
neux pour le fabricant à employer un pareil corps gras ;
mais par contre, je ne puis passer sous silence en parlant de

celui qui donne le plus de poids, mettant toujours à part les huiles d'olives ; revenons, plus un blanc argenté vif, surtout pour les savons blancs, étant celui qui se rapproche le plus de l'huile d'olives en tout, c'est le *Saindoux ou graisse de porc*, soit sauvage ou domestique. Il faut vous observer que la nourriture que prend cet animal, influe beaucoup sur la qualité de son saindoux, tant pour le rendement en poids en savon, que pour sa manipulation surtout aux empâtages ; c'est-à-dire, que quand cet animal s'est nourri de grains ou légumes secs, son saindoux vous produit un poids plus fort en savon, et son amalgame ou empâtage devient plus facile, et par contre, il vous donnera moins de poids en savon et à l'empâtage plus de peine, courant même le risque que le contenu de la chaudière vous verse sur le plan de la fabrique, quand ce saindoux a été extrait des porcs ou animaux, lesquels ont été nourris avec de l'herbage ou des courges autrement dites citrouilles. Voici donc le moyen pour pouvoir s'assurer de la qualité sûre ou vraie des saindoux. Admettons que vous ayez une partie de saindoux à traiter, qu'ils soient eu barriques ou en barils, on doit s'en prendre de la manière suivante ; si elle est en barriques, vous pouvez la voir en entier par le moyen d'une prouvette, la même qui vous sert pour les huiles d'olives et autres, etc. ; laquelle vous montre à nu la partie saindoux depuis la bonde jusqu'au fond de la barrique ; mais encore, on doit, par le moyen d'un cuirard, pratiquer un trou, par lequel on puisse introduire ladite prouvette par un sens inverse, c'est-à-dire, allant d'une extrémité à l'autre du ventre de la barrique ; il en est de même pour les barils, lesquels avec un cuirard ou espèce de sonde, vous suffit pour ces derniers. Donc vous pouvez juger par ce moyen de la qualité dudit saindoux, lequel s'il montre une apparence d'une pâte fine, onctueuse, d'un

blanc naturel, c'est-à-dire pur, n'ayant en lui aucun mé-
langé, ce qui arrive souvent : 1° par l'introduction d'un
autre corps étranger, dont l'espèce d'onctuosité vous la fait
reconnaître ; 2° si vous apercevez aussi une partie couleur
de rouille, c'est une preuve certaine qu'il existe une partie
aqueuse ; l'eau ne sera pas congelée, mais elle se trouvera
entre deux parties saindoux figées qui la contiennent : si c'est,
par exemple, dans la belle saison, alors le saindoux n'étant
pas figé, vous l'apercevez de suite par la couleur rouillée ;
ce qui indique positivement une partie d'eau que l'on y a
introduite, et donc, si vous mettiez cette partie de saindoux
à un levain ou chargement pour savon blanc ou bleu pâle
ou vif, la partie aqueuse ne vous donnerait qu'en rendement (zéro), n'étant pas corps gras, et c'est ce qu'il faut
bien faire attention avant de finir de traiter ou d'acheter. Il
est donc aussi indispensable d'en faire l'épreuve de l'empâtage à froid, dans la belle saison ; et en hiver, si le saindoux
est figé, on le fait défiger par le moyen de la chaleur ou
vapeur, et on opère en suivant le même système déjà décrit,
que pour les huiles d'olives, toujours avec les lessives
barilles, et même degré indiqué que pour les huiles d'olives.

Quant aux huiles de graines, celle qui s'approche le plus
de l'huile d'olives en tout, c'est celle dite œillette ; elle a
la vertu de procurer, en hiver, une coupe douce aux savons ;
mais, malgré son bon rendement et cette bonne qualité que
nous venons de citer, 20 millerolles suffisent en hiver sur
un chargement de 110 à 120 millerolles et de 10 millerolles,
en été. Il en est tout autrement pour les huiles dites ressences ; c'est-à-dire, que l'on doit mettre sur un chargement, en été, 20 millerolles sur 110 à 120 millerolles ; ce
qui aide à la pâte à tenir le coup dans les mises, et vous
procure une coupe en savon un peu plus ferme : mais en
hiver, vous ne devez en mettre que 10 millerolles, même

chargement, attendu que la pâte, en hiver, sèche plus promptement et vous procure donc une coupe toujours plus ferme par l'effet de la saison qui est siccative. N'oublions pas de dire, que ces sortes d'huiles dites ressences, s'achètent avec convention spéciale, dite à la bouteille ; seul moyen de pouvoir réduire ou déduire en paiement desdites huiles, les parties plus ou moins impures dont ces huiles ressences sont toujours plus ou moins chargées. L'empâtage à froid doit se faire aussi, lequel vous dénote son corps et sa couleur, une fois saponifiée. Disons aussi, que lorsqu'on veut faire le compte des huile sur le brut, que cette huile soit mise de suite aux chaudières ou aux piles, on doit multiplier/le total des kilogrammes par le nombre 64 et diviser le produit par le nombre 70, ce qui vous donne le nombre des litres que l'on compare avec la jauge.

Il est à observer que les huiles d'olives, de quel royaume quelles soient, plus elles sont vieilles, plus elles sont faciles à manipuler en les saponifiant, soit à l'empâtage comme à la coction et aux levées des cuites, donnant plus de poids en savon et un éclat plus beau à la coupe. Tandis que les huiles de graines en général, je dirai toutes, *doivent être recherchées par le fabricant, aussi nouvelles que possible, promettant plus de poids* que si elles étaient *vieilles !* L'huile d'olives de Naples, réputées pour les savons, Brindizi, Gallipoli, Monopoli, Barri, de la Pouille, Tarente, donnant un peu sur le vert ; huiles blanches, mais moins brillantes, Rossano, Calabre, Retromarino, Lampantes.

Huiles du Levant blanches : soit Mételin, Canée moins blanches, mais bonnes pour le poids, Zante, huile de corps, mais un peu foncée en couleur, Barbarie, les plus belles d'Afrique, Mogador, d'Alger ; ces huiles ont beaucoup plus de corps, mais elles ne se trouvent pas bien dépouillées.

Je ne parlerai pas des Tunis, vu que cette huile est la

plus inférieure en corps et sèche difficilement, et offre un
fond ou teint vert à la pâte. Donc on ne doit les employer ni
pour les blancs, ni pour les pâles que forcément.

Sicile, huile pour les pâles, Melasso, Cefalù ou Céfalo, les
Palerme et Syracuse, sont trop coloriées; il faut donc en
mettre peu sur un chargement, Espagne, les Mayorques,
France, les Provences du Var.

Début d'une Fábrique neuve ou vieille en chômage.

Avant que de s'occuper à obtenir des lessives, il convient,
d'abord, d'abreuver tous les barquieux, récipients, trous
des recuits, soit des mises, comme ceux de la cave, avec de
l'eau pure, et laisser séjourner cette eau pendant quinze jours
consécutifs, et ce, pour deux motifs; le premier, vous permet
de vous assurer s'il n'y a pas perte ou fuite auxdites, en en
prenant tous les jours la Segme, malgré qu'il arrive souvent
que l'eau ne fuit pas et que la lessive, ainsi que l'huile,
étant plus apte, par son onctuosité, à s'échapper, et encore
plus la lessive par son mordant, s'échappe ou fuit. Mais, mal
trouvé, mal à demi réparé; la deuxième, l'eau dont les murs
s'imbibent, épargne la même quantité de lessive, autant
pour l'huile. Règle générale, il faut bien observer que l'eau
n'atteigne pas les voûtes ou cerveau, attendu que la force
que fait le récipient ou pile à huile, trou de recuit, pourrait
occasionner une fracture à la maçonnerie. On doit aussi
abreuver les mises du pâle, mais un pied d'eau suffit vu que

les maccarrons sont en taille pierre froide et que par conséquent il n'y a que le sol qui absorbe une partie d'humide.

Disons par avance, qu'en débutant, n'ayant ni salé ni
recuit, ni avances, on va se procurer des lessives que par le
moyen de l'eau, et que par conséquent, pour arriver au
titre voulu que comporte la saponification, vous force donc à
concentrer les lessives au point voulu, tant pour les savons
blancs que pour les savons pâles et bleu vif, demandant un
sel et un degré plus forts; disons aussi puisque nous débutons, qu'on ne peut prendre pour règle ou type, pour les
consommations des lessives par cuite ou par millerolles
d'huile, sur les premières cuites, la consommation étant
triple, et que ce n'est qu'après les six mois écoulés ou à fin
d'année, qu'on peut se rendre un compte sûr et exact, et
juste. Nous allons poursuivre notre route sans trop nous
étendre sur la manière ou mode pour préparer les soudes à
lessiver, vu que plus tard, nous donnerons en grand et en
détail ce mode en parlant des mises, des barquieux barilles
servant pour le levain, barquieu à la coction, soit pour les
blancs, bleu pâle et vif, ainsi que des barquieux du salé.

Le premier travail est de faire un barquieu de soude
douce, dont les lessives servent de levain pour l'empâtage,
et voici comment :

La soude étant, bien entendu, concassée ou furée, dont
les plus gros morceaux doivent être comme des noyaux de
pêche, et une partie de ces morceaux doivent être mis en
réserve, et même quelques morceaux plus gros, quantité
environ de deux couffins, que l'on met sur les mallons que
l'on place d'usage au fond du barquieu, en face du trou par
où découlent les lessives, et vous évitent l'obstruation dudit
trou. On prépare donc de 300 à 350 kilogrammes chaux en
pierres, que l'on délite par le moyen de l'eau pure pour un
barquieu contenant environ de 1850 à 1900 kilogrammes

soude, le tout doit être déposé toujours en face dudit barquieu, aussi rapproché que possible dudit, que l'on veut
charger, en ayant soin de mettre une planche, laquelle
couvre les trous ou ouvertures des récipients, ainsi que la
rigole, afin que ni chaux ou soude ne puisse tomber auxdites;
ce qui vous trouble vos lessives, et en s'en servant aux
chaudières, surtout à l'empâtage, vous dégrade la pâte et
est susceptible de vous faire fracturer un cuivre. On doit
donc mettre en outre sur la planche des sacs grossiers en
toile, ce qui vous évite toute filtration ; ne pas manquer
aussi de passer la broche au trou, par où doit découler la
lessive, et y placer sa cheville, en dehors de laquelle, à son
extrémité on adapte un peu de chanvre et la tête de la
cheville est supportée par un morceau de mallon ou brique.
Alors on peut faire charrier les 1800 ou 1900 kilogrammes
soude, ou 70 à 75 cabas ou couffins et plaçant la petite
échelle contre la façade du barquieu, laquelle échelle a deux
crochets que l'on fait adapter à la rigole supérieure, pour
qu'elle ne glisse pas, et l'on charge donc son barquieu, en
ayant soin, en prenant de ce mélange au commencement, de
prendre aussi peu de matière de soude que l'on peut, afin
que le fond dudit barquieu, à un pied environ de hauteur,
soit bien blanc, c'est-à-dire, que la chaux domine impérieusement. Cette chaux facilite la filtration des lessives, la pul-
vérise, la décompose et aide, par conséquent, à faire
détacher l'alcali que contient la soude, et l'eau, passant à
travers la soude et ladite chaux, se forme donc en lessive
en prenant de la causticité et d'alcali, se clarifie, empêche
donc que la matière vienne obstruer le trou par où s'écoule
la lessive; ce qui arriverait toujours, si on ne prenait pas
les précautions indispensables ci-dessus énoncées. Ainsi
donc, une fois que l'on a fait bien blanc le fond du barquieu,
expression savonique, on continue à charger ledit barquieu

de soude et du restant de chaux que l'on avait préparé pour
cedit barquieu, en laissant au dessus dudit, toujours un vide
ou revanche de trois ou quatre travers de doigt au moins ; on
l'abreuve alors avec de l'eau pure, et une fois abreuvé à
satiété, que la matière ne boit plus, on doit le laisser ainsi
abreuvé pendant 12 heures consécutives, et en cas que l'on
soit pressé, on doit au moins avant que de le déboucher que
le dessus ne marque aucune ébullition, ce qui vous dénote
que l'abreuvage est parfait. Alors on le laisse couler le plus
lentement possible, en ayant soin que la quantité de lessive
qui en découle, soit remplacée proportionnellement par le
haut, au fur et à mesure, par une quantité égale d'eau, et
si par hasard ou par inadvertance, on laissait sécher le
dessus du barquieu, on doit de suite boucher le trou, piocher le dessus de la matière à la profondeur d'un demi-pan
au moins, avec une pioche, et le poignarder aussi avec une
broche ou broque des mises de pâle, et finir de la remplir de
nouveau jusqu'à immersion entière de ladite matière, et ne
la déboucher jusqu'à ce qu'aucune ébullition ne se manifeste.
On remplit donc trois récipients, lesquels vous donnent
480 cornues de lessive, lesquelles vous servent de levain, et
pouvoir mener à bonne fin votre premier empâtage, et tant
que vos récipients peuvent recevoir de lessives, toujours
avec de l'eau pure, avec laquelle on l'abreuve jusqu'à zéro
et après on jette la matière à la voirie, et on charge le même
barquieu si l'on n'en a qu'un à cette destination, ou le suivant
si l'on en a deux, en opérant toujours de la même manière,
seulement, qu'au lieu de l'abreuver avec de l'eau pure, le
fond des lessives des derniers récipients les plus faibles,
lesquelles servent aussi à déliter la chaux. Ces lessives ayant
une odeur de sulfure, l'abandonnent en filtrant.

Maintenant, passons aux barquieux dont les lessives serviront à cuire ou saturer la première cuite, en débutant

toujours, dis-je, avec une fabrique neuve ou vieille en chômage, n'ayant trouvé aucune espèce de lessive, et n'ayant pour tout secours que de l'eau pure, voici ce que l'art exige de faire.

On commence à charger un barquieu de soude toute salée, toujours même quantité de chaux, pour le moment, et opérant de la même manière déjà indiquée, c'est-à-dire, abreuvé avec de l'eau pure et ne pas le déboucher, et le laisser après un délai de trois heures au moins, après son chargement terminé; après on le débouche et on lui fait faire un trou au récipient de lessive contenant 160 cornues, premier capital que l'on met en réserve. Après, on lui fait un second trou, de lessive même quantité, et ensuite un troisième, ainsi de suite, jusqu'à ce que la lessive qui en découle, vienne ou soit à zéro. Le second barquieu que vous chargerez en suivant toujours la même opération, devra être composée moitié soude salée et moitié soude douce non compris la chaux et vous devrez l'abreuver avec toutes les lessives faibles qu'aura produit votrs premier barquieu, et vous ne devrez conserver encore, que la lessive qui en découlera à son premier trou; mais vous lui ferez faire à ce second barquieu moitié salé et moitié soude douce, encore trois trous ou récipients, chacun de 160 cornues en le réduisant enfin toujours à zéro. Vous en chargerez encore un troisième barquieu, lequel devra être composé d'un tiers soude salée, et le restant soude douce en l'abreuvant toujours de toutes les lessives faibles, et ne gardant seulement que les lessives qui ont au moins un titre de 18 degrés, bien entendu au-dessus du trou ou récipient; celles du fond étant toujours plus fortes; et toutes les autres lessives doivent être réservées d'une à l'autre pour l'abreuvage. On doit encore en charger un quatrième barquieu, lequel doit être composé d'un quart soude salée et le restant en soude douce, et l'abreuver toujours avec les lessives faibles ; en opérant de cette manière vous vous procurez sept trous ou récipients de bou , marquant de 22 à 27 degrés, deux trous ou récipients de 20 à 22 degrés, dites lessives secondes, et deux trous ou récipients à 18 degrés, dites troisièmes lessives. Donc, vos lessives vous formant un capital voulu pour la coction et une fois ce capital créé , vous pouvez mettre votre levain, lessive douce barille, bien entendu que votre chaudière ait reçu la préparation suivante :

Lorsqu'une fabrique est neuve ou bien qu'on renouvelle une campane, et que l'on pose par conséquent un cuivre à neuf, on doit laisser sécher cinq à six jours au plus ladite campane, avant de la faire tubéger ou rassurer. Et encore, on doit tous les deux jours au moins, y verser un arrosoir d'eau fraîche afin que la maçonnerie ne sèche pas si rapidement. Ensuite lorsqu'on procède au tubéjage, on ne doit mettre en commençant que cinq cornues lessives dites recuits , ou autrement lessives à 18 degrés, et y faire un feu modéré, et dès que cette lessive montre la moindre ébullition , on doit y en ajouter encore quatre ou cinq cornues même lessive, en ayant soin de les faire découler lentement contre la paroi intérieure de la chaudière, afin qu'elle arrive par gradation et en petites parties, pour ne pas éprouver la maçonnerie et le cuivre, et, de temps à autre, on alimente le feu toujours modérément, et on continue cette opération jusqu'à ce que la campane soit entièrement couverte, et à la première ébullition une fois la campane toute couverte, il est de toute nécessité de faire épiner cette lessive et en laisser seulement quelques cornues , afin que le cuivre ne souffre pas du contact de l'air. Mais il est bon de vous observer qu'on ne doit pas laisser trop longtemps cette lessive, vu qu'étant chaude, elle est très apte à filtrer et pourrait , par conséquent, dégrader la maçonnerie. On doit donc, de suite, y retomber le feu avant d'épiner , et douze heures après on fait nettoyer la chaudière et bien faire attention si la campane n'est pas dégradée pendant le tubéjage, et s'assurer s'il n'y a pas eu de filtration , ce qui arrive assez souvent. Mais si cette filtration paraissait trop abondante, il conviendrait de faire défoncer la campane et la refaire de nouveau pour ne pas s'exposer à voir tomber sur le fourneau et de là à la cave, votre pâte pendant l'empâtage. Mais par contre, si la filtration est peu abondante , il est plus que prouvé et assuré que le sel , par la suite, cicatrise le défaut de construction ; ainsi donc , dès que votre cuivre a été nettoyé, ainsi que la campane et les mallons, après le tubéjage, vous devez mettre quelques cornues de lessive chaude , quand on en a ; ou froide au besoin, en faisant découler les premières lessives le plus lentement possible contre la paroi de la chaudière, et vous devez de suite y rallumer le feu et mettre votre levain à plusieurs reprises, afin de ne pas, tout d'un coup, éprouver la campane. Ce levain, dis-je, jusqu'à concurrence de 165 cornues, contenant chacune trois pouadous ou quinze litres environ , de lessive , en tout 2,475 litres pour une demi-chargement savon blanc, ou 55 millerolles d'huile, ou soit 3,520 litres d'huile d'olives ou de graines, en mélange s'il y a lieu ; l'autre demi-chargement doit s'opérer dans une autre chaudière en suivant strictement le même procédé énoncé.

Le degré dudit levain doit être à 10 degrés alcali au plus, si les huiles ont un peu de corps , et à 12 degrés au plus, si les huiles ont peu de corps ou sont faibles, ce qui existe aux huiles de graines généralement ; et une fois le levain bien chaud, on y laisse abattre un peu le feu, porte ouverte, on verse sur chaque chaudière le demi-chargement d'huile de 55 millerolles, les deux forment donc 110 millerolles. Une fois toute l'huile vidée, on doit faire un bon feu, porte rouge, et

une heure ou deux après que votre huile a été mise, vous
devez avec le rédable, tirer, verticalement du fond pour com-
muniquer à la pâte en entier, la chaleur qu'a la lessive qui se
trouve au fond de la chaudière. L'amalgame aurait lieu sans
avoir recours à cette opération, mais plus lentement, attendu
que la pâte qui se trouve au-dessus a nécessairement moins de
de chaleur que celle du fond ; elle est donc laiteuse et on y aperçoit, presque toujours, une partie d'huile surnageante, ce qui
est défectueux. Eh ! bien, alors, on pare cet inconvénient en
agitant avec le rédable, d'une extrémité à l'autre de la
chaudière, c'est-à-dire, on tirant verticalement le réduble
et l'agitant, le tirant vers soi en brassant fortement le mélange. Durant ce mouvement, on doit faire ouvrir la porte
du fourneau, et le feu abattu en partie, un ouvrier charrie
de la barille faible de 4 à 5 degrés le plus, et on arrose avec
la casse, aux endroits où l'huile paraît et on continue ce
jeu pendant quelques minutes, et vous voyez l'huile disparaître, et elle s'invisque. On fait garnir le feu, porte du
fourneau fermée, laquelle on met à quatre doigts au moins
ouverte, un moment après, et si dans l'intervalle d'une
heure ou deux, la pâte luit encore, comme il arrive souvent
quoique invisquée, on y fait une addition, toujours porte
ouverte, et par le moyen de la casse, de 7 à 8 cornues barille de 4 à 5 degrés ; donnant toujours un laps de temps
d'une heure au moins par reprise. Dès qu'on aperçoit que la
pâte travaille, on doit y faire un feu modéré et tenir la porte du
fourneau ouverte ou au moins à demi, tandis qu'on doit la
fermer si la pâte ne travaille pas. Quand l'amalgame se
forme, la pâte monte de deux ou trois mallons ; mais la
partie de pâte qui se trouve au fond, étant plus précoce par
sa chaleur plus intense, travaille et se serre, et au-dessus, il
se forme une écume qui vous empêche et ne peut vous permettre de pouvoir juger au juste de son empâtage, de son

état réel. On doit donc , alors, faire ouvrir la porte et faire disparaître ladite écume ·en y versant 4 cornues au plus lessives barilles à 15 degrés , toujours avec l'aide de la casse ; ce qui vous permet de voir de suite l'état de votre pâte , et continuer donc à le faire détremper, en débutant par y mettre 3 à 4 cornues de lessives à 4 degrés, pour assurer le cuivre , en lui faisant une addition de 6 cornues de lessives un peu plus concentrées ; feu bien modéré, porte ouverte ; et quand le demi-chargement est bien invisqué, que la pâte s'épaissit de plus en plus et s'affaisse, ce qu'on appelle , en terme de l'art , se serre ; c'est là le moment de juger votre pâte. Dès qu'elle est serrée, il est rare que vous n'aperceviez pas une partie d'huile sur la superficie de la chaudière ; si votre pâte vous offre des fentes, ciselures ou coupures, vous devez alors y faire un détrempage de 8 cor- nues environ, par le moyen de la casse, à un degré de 4 à 5 au plus ; mais si par contre, à son premier serrement ou deuxième, elle ne vous offre pas ces ciselures, fentes ou coupu- res et qu'il apparaisse une partie d'huile, vous devrez alors y faire un détrempage de 8 à 12 cornues de lessives barilles de 12 à 15 degrés, en ayant soin toujours, de mettre les 4 pre- mières cornues à un degré de 4 à 5, afin que la lessive arrive chaude sur le cuivre ; et les autres cornues à un degré de 15 au plus, toujours avec la casse ; ainsi vous voyez que la pâte vous parle et vous guide sûrement pour arriver à bonne fin. Tant que votre pâte a de luisant , vous devez lui faire des détrempages , et la veiller quand elle se serre , ou qu'elle absorbe et s'empare de tout l'humide , et le cuivre se frac- turerait infailliblement, la pâte s'y attachant ; mais en sur- veillant la pâte avant que pareil évènement ne vous arrive ; étant avisé par des petites vessies que vous présente le dessus de la pâte, ce qu'on appelle que la pâte *tabaco*. On doit alors , de suite, la faire arroser d'une dizaine de cornues lessives à 4 ou 5 degrés au plus, pourvu que cet humide descende sur le cuivre, en arrosant toujours avec la casse, ce qui fait que la lessive arrive chaude sur le cuivre, vu qu'en la jetant en forme de pluie, étant disséminée, elle acquiert une chaleur voulue arrivée aux trois quarts de la chaudière, et que si par contre, vous la jetiez à belles cornues, elle arriverait plus vite au fond et en trop grande abondance, et, par conséquent, froide, vous ferait casser le cuivre; mais un contre-maître prudent ne doit pas attendre que la pâte tabaque; il doit, dès que la pâte s'épaissit et forme des lignes à plusieurs endroits, l'arroser de 7 à 8 cornues de lessives de 4 à 5 degrés; enfin, dès qu'on voit que l'empâtage est sur sa fin, on le reconnaît: 1° quand nulle apparition d'huile à la pâte, et qu'elle-même n'a plus de luisant, offrant un fond mât; on doit néanmoins la laisser serrer encore, pendant un laps de temps de trois heures au moins, voyant la pâte se diviser en lignes plus ou moins longues, dans lesquelles nul indice d'huile ne paraît; au reste, prenez alors, avec la truelle, un peu de pâte et déposez-la sur le bord de la chaudière, et si vous n'apercevez aucun suintement d'huile se détacher de cette pâte, vous êtes assuré que votre empâtage est parfait et que votre pâte est serrée à point voulu, et qu'elle peut supporter le rélargage. Si, par contre, vous doutiez du parfait empâtage et que votre pâte ne fut pas strictement serrée, vous devez alors, par précaution, avant que de la rélarguer, retomber ladite pâte dans une autre chaudière préparée à cela: c'est-à-dire, que le cuivre soit propre et ayant son matras couvert de lessive dite troisième, marquant de 16 à 18 degrés; on doit la laisser reposer un peu après le retombage et s'occuper à la rélarguer.

Puisque nous n'avons pas parlé jusqu'à présent du levain, chargement d'huile et empâtage; je dois citer un cas qui se présente assez souvent dans des moments de presse, surtout lorsqu'on fabrique les trois qualités de savon. Je suppose donc, que je veuille mettre un levain de 180 cornues de lessives pour un chargement de 60 millerolles d'huile, soit pour savon blanc ou pâle, et que je veuille avoir un titre de 10 degrés, et que je ne me trouve en capital que 100 cornues de lessives barilles, et n'ayant ensemble qu'un titre de 7 degrés; cela ne doit pas m'empêcher de mettre mon levain. Donc, pour accélérer mon travail, je mets mes 100 cornues de lessives à 7 degrés, que je fais chauffer comme d'usage, et dès que ma lessive est bien chaude, j'y verse mes soixante millerolles d'huile; mais il est de toute nécessité de vous observer que dans l'intervalle que les 100 cornues se chauffent, vous devez vous occuper à faire distiller votre barquieu de barille, lequel doit vous procurer les 80 cornues de barille qui vous manquaient pour le levain en entier, des 60 millerolles, et même il est facile à concevoir que, dès que j'ai obtenu seulement 56 cornues de lessives à 20 degrés, les mêlant avec de l'eau pure par une quantité de 24 cornues; cela me procure 80 cornues à 14 degrés, et les 100 premières à 7 degrés me font bien 180 cornues, ayant ensemble un levain de 10 degrés 1/2, ce que je puis corriger, au lieu de mettre 24 cornues d'eau pure, en mettre 27 à peu près, et quand je ne les mettrais pas, cela ne ferait rien, et voici comment je dois m'en prendre pour faire l'addition de ces 80 cornues de lessive. Je fais d'abord ouvrir la porte du fourneau et en arroser avec la casse, toujours pour le moins une vingtaine de cornues; et un ouvrier avec le rédable doit en même temps remuer la pâte, et continuer à verser les 20 autres cornues. J'y ferme de suite la porte du fourneau, bon feu, et dans l'espace d'une heure ou deux, j'y ajoute les 40 autres cornues, en procédant toujours de la même manière comme pour les 40 autres cornues, et les opérations pour l'empâtage sont toujours les mêmes, ainsi que pour les détrempages et serrement de la pâte, comme j'ai déjà énoncé ; suivant les circonstances, ne pouvant se permettre de rélarguer jusqu'à ce que la pâte soit bien serrée , à moins que l'on soit bien pressé ; ce qui alors, vous nécessite une plus forte partie de lessive alcaline salée, et n'est en fin de compte jamais un aussi bon travail. Avant que de rélarguer, il convient de réunir les deux demi-cuites en une seule chaudière, par économie de main-d'œuvre et combustible, nulle crainte pour la chaudière qui a été mise à l'épreuve.

, Rélarguer la pâte, c'est lui faire rendre ou détacher, ou purger toute la lessive dont elle s'est emparée durant l'empâtage et les détrempages ; et par le moyen du rélargage elle ne garde avec elle que l'alcali pur qui l'a dénaturée et l'a , par conséquent, rendue capable, sans se décomposer, de pouvoir supporter l'opération du rélargage ; lequel, par l'isolement qu'il occasionne à la pâte et aux lessives faibles, qui ne manqueraient pas de l'empoisonner, la prépare donc, à pouvoir se laisser saturer à satiété, vu qu'elle ne pourrait se saisir d'aucun alcali, tant qu'elle conserverait dans son corps toute cette lessive faible ; et une fois débarrassée de cet humide, qui la suffoquerait et l'infecterait même, elle se trouve très-apte et très-avide à s'emparer des sels et alcalis dont on l'abreuvera ou servira la pâte qui, étant jeune, est très-disposée à manger lesdits services. On se sert pour les rélargages de toutes les petites lessives que l'on a ; mais, cependant, à un titre au moins de 15 à 18 degrés, enfin se servant de préférence, de celles qui vous embarrassent ; soit des trous des mises , bien entendu, froides, lesquelles sont les plus propres par leurs limons ou viscositées qu'elles contiennent, étant de convenance à l'état de la pâte, ainsi que de toute les autres lessives, fonds de récipients ; mais ici comme nous débutons, cet approvisionnement nous manque, on doit donc avoir recours aux lessives dites troisièmes, nouvellement créées, en commençant à en mettre 30 cornues au moins, en arrosant avec la casse, afin que ces lessives descendent lentement et en petite quantité sur le cuivre, pour sa préservation. Attendu que si on arrosait la lessive à belles cornues, ladite lessive arriverait sur le cuivre trop précipitamment, et nuirait infailliblement au cuivre, ayant en lui une forte chaleur et serait exposé à se fracturer. Donc, une fois les 30 cornues mises par le moyen de la casse, on peut continuer à en mettre par le moyen des cornues, à avant de bras jusqu'à 100 et même 200 ; et après une demi-heure de repos, vous devez voir par le matras, si la lessive qui en découle est claire, ce qui peut vous permettre alors de pouvoir épiner, mais sans cependant, oublier de faire l'essai du bon ; c'est-à-dire, que l'on fait monter dans une sasse de la lessive que l'on veut épiner, laquelle lessive vous mélangez, par moitié avec de la lessive dite bon, la plus concentrée que vous aurez, et si après cette opération vous n'apercevez pas un mélange de pâte qui ne soit pas broyée, vous pouvez alors faire épiner sans regret votre lessive, mais toujours lentement, et mettre un ouvrier à la cave, pour qu'il observe la lessive qui découle du matras, jusqu'à ce que la chaudière ait fait, terme de l'art ; ce qui vous l'indique dès qu'on voit qu'elle commence à blanchir. On doit alors fermer le matras et allumer le feu du fourneau, et lui faire faire de suite un service de 80 à 100 cornues de lessives dites troisièmes, et en lui faisant faire une passée, par le moyen du rédable et le peu de feu, ce service se trouve dévoré, et dès que la pâte est un peu reposée et le feu abattu, on doit de suite le faire épiner de nouveau, et une fois qu'il a fait, vous lui faites faire un autre service de 80 cornues au moins ; en vous réservant que plus les services du rélargage, ainsi que ceux par la coction, sont abondants, et plus vite votre pâte gagne et accélère ; donc, économie pure en temps, en combustible et en main-d'œuvre, surtout quand le capital en lessives existe.

Revenons maintenant au n° 35, où nous avions fait un quatrième barquieu, composé d'un quart de soude salée et le restant de soude douce ; je dois maintenant en charger un cinquième, me devant servir toujours pour la coction de ces trois premiers trous ou récipients, bien entendu ; mais maintenant, au lieu de conduire ma mène de barquieu, au lieu de l'abreuver avec de l'eau pure ou petites lessives faibles, je dois, 1° abreuver le neuf de ces avances, et l'avancaïré, qui était auparavant le barquieu neuf, doit être abreuvé avec du recuit passé que m'a produit ma chaudière ; après avoir passé sur le barquieu au recuit, qui était auparavant avancaïré, et le barquieu à l'eau ayant été jeté à la voirie, s'est donc transformé en barquieu neuf ; il faut vous observer que le cinquième barquieu, si nous avons en chaudière une cuite de savon bleu pâle ou bleu vif, au lieu de celle du blanc, dont nous nous entretenons, et que nous fussions en hiver et que ladite cuite bleu pâle supposée, fut composée avec un mélange d'huile de graines ; on devrait mettre à cedit cinquième barquieu, douze cabas de soude salée, ainsi qu'aux précédents barquieux nouveaux à charger, et ce, pendant toute la durée de l'hiver, et si nous étions en automne, 6 cabas de soude salée, au printemps 4 cabas, et en été 2 cabas pour chaque barquieu à la coction. Mais comme c'est une cuite de blanc que nous avons à traiter, je ne dois mettre que 6 cabas en hiver, 4 en automne, 3 au printemps, et 1 cabas en été, et encore cette quantité citée doit se mettre parce que c'est un début de fabrication ; autrement la soude salée doit ne rentrer au barquieu à coction, pour les savons blancs, qu'en petite quantité, pourvu que la pâte ne soit pas morveuse ; cette pâte ne demandant pas d'avoir un grain serré, tant saturée comme celles des savons bleus pâles et vifs, indispensable à la levée des cuites, vu que pour les savons blancs, une fois que la pâte est cuite, on est forcé de la fondre pour pouvoir la liquider, ce dont nous parlerons quand son tour adviendra. Mainte-nant il s'agit de décrire et de bien faire connaître ce que c'est qu'une mène, et la manière de la conduire. Ainsi donc un barquieu ainsi chargé, je dois l'abreuver de suite des lessives qui ont ou qui découlent de l'avancaïré, et je l'appelle neuf, et on ne doit pas jamais négliger de l'abreuver de suite, le plus tôt possible, vu que cette soude qui a passé par la platine ou furée par l'air, perdrait de sa force en alcali, et de la chaleur que lui procure le mélange de chaux, si elle restait quelque temps à l'air sans être abreuvée.

Chaque barquieu doit donc me produire 1540 cornues de lessive de 3 pouadous chaque cornue. Je lui fais donc faire trois trous ou récipients de lessives, contenant chaque récipient 160 cornues, ce qui me fait, ensemble les trois récipients, une quantité de 480 cornues de lessives, lesquelles sont réservées à la coction ou saturation de la pâte. Le premier trou ou récipient que fait ce barquieu, contenant 160 cornues, s'appelle bon ou première lessive, étant la première à découler, et, par conséquent, la plus forte en alcali. Le dessus dudit trou ou récipient, pèse 22 degrés et la lessive qui se trouve au fond du même récipient, a un titre de 26 à 27 degrés : vous ayant dit déjà que la lessive qui se trouve au fond, est toujours plus chargée en sel et alcali étant plus lourde. Le second trou contenant la même quantité de lessive, mais étant moins forte naturellement, a un degré environ de 20 à 22, et s'appelle, par conséquent, second ou seconde lessive. Le troisième trou ou récipient, contenant ausssi la même quantité de lessive, n'a que 18 à

20, et s'appelle troisième lessive, vu qu'elle est moins forte que les deux premières, et que c'est réellement la troisième lessive qui a découlé du même barquieu. Ces trois quantités donc sont réservées pour la coction, à moins d'un cas forcé ou imprévu, ce qui sera démontré plus tard dans mon traité savonique.

Ce barquieu ayant fait ces 480 cornues de lessives devient alors avancaïré, attendu qu'il va produire des avances, et une quantité encore déterminée de 480 cornues de lessives indispensables, lesquelles serviront à alimenter le premier barquieu neuf, que l'on chargera de nouveau. Je lui fais donc faire trois trous ou récipients, *avances*, ou 480 cornues, avec du recuit passé, que je prends aux récipients du barquieu au recuit, et dès qu'il a fait ces 480 cornues d'avances, qui me serviront, comme je l'ai déjà dit, à abreuver le barquieu neuf, alors, dis-je, il change encore de nom, et s'appelle barquieu au recuit, vu qu'il est abreuvé par le moyen de la pompe, et lui fait faire encore trois récipients ou 480 cornues de lessives recuit passé, et après qu'il a fait ces 480 cornues de recuit passé, je le mets à l'eau et on le charge avec des petites lesssives, s'il s'en trouve. M'en débarrassant de cette manière profitable, et me procure de nouveaux récipients ; lesquels me sont utiles à pouvoir faire agir ma mène. Mais avant que de l'abreuver cedit barquieu, il est indispensable de le piocher au dessus, jusqu'à une profondeur de deux pans, afin que les petites lessives ou l'eau puissent filtrer, et pénétrer plus facilement, et on lui fait faire 100 cornues, que l'on fait aller dans un récipient, ou à une pile que l'on a expressément aux fabriques qui travaillent beaucoup. Lesquelles eaux ont un degré de 7 à 10. Cesdites eaux ou petites lessives vous servent pour déliter la chaux pour le mélange des barquieux à charger, ainsi que pour fondre les cuites de savon blanc, et pour la levée des cuites des savons bleus pâles et vifs. Posons aussi, par principe, que toutes les fois que l'on laissera sécher un barquieu, soit par inadvertance ou par circonstance, ce qui arrive presque toujours, 1° lorsque ledit barquieu a fait ses trois premières lessives, ou ses trois secondes et ses trois troisièmes, ce qui ne devrait pas avoir lieu, à moins d'un accident au chargement de soude dudit barquieu. La lessive ne voulant pas filtrer, eh ! bien, on doit alors, avant que de l'abreuver d'une nouvelle lessive, le faire piocher, comme j'ai déjà dit plus haut, vu que le sol se cristallise et empêche à la lessive de pouvoir pénétrer à travers le contenu de soude. Ainsi, pour en finir, une fois que ce barquieu a fait ses 100 cornues d'eau, on peut le jeter à la voirie sans regret. Ce mélange de soude et de chaux, se trouvant entièrement épuisé et, par conséquent, réduit à sa plus simple expression. Maintenant il est bon de vous observer aussi, que souvent on ne suit pas la règle que je viens de décrire concernant les abreuvages et le poids des lessives ; c'est-à-dire, leurs degrés voulus, et en voici la cause première : il faut toujours, rigoureusement, pour chaque cuite de blanc, 30 cornues d'avances à 20 degrés, et 5 cornues au moins pour le service d'eau, avant que de monter sur la chaudière, ce qui rompt le grain à la pâte, et la rend plus facile à fondre. Donc 35 cornues compris le levain, que l'on prépare pour recevoir la cuite après sa fonte, où elle éprouve sa liquidation, et pendant cette liquidation, il vous faut encore une trentaine de cornues de ces mêmes avances, il faut donc un contingent, en tout, de 60 à 70 cornues qu'il faut, et qui nécessairement, manquent pour pouvoir abreuver le barquieu neuf. Eh ! bien, alors, pour remplacer cette lessive, il arrive que l'on charge le barquieu neuf moitié avance et moitié recuit passé, ce qui ne doit pas se faire à moins que l'on ne soit pressé ; c'est-à-dire, par force ;

nécessairement je ne puis remplacer ces lessives qué d'une manière, et voici comment : au lieu de faire faire 480 cornues de lessive de recuit passé, je dois lui en faire faire 530 ou 540, au besoin, de recuit passé, me servant et me remplaçant le nombre dont je me suis servi en lessives dites avances. J'abreuverai donc mon avancaïré, en lui faisant passer au dessus 530 ou 540 cornues de recuit passé, ce qui me procurera donc 530 ou 540 cornues de lessives dites avances, et alors comme il me faut toujours, règle générale, soit pour le service d'eau, soit aussi pour le levain, ainsi que pour l'opération durant la liquidation, de 50 à 60 cornues au moins de lessives avauces ; il me restera, par ce moyen, toujours 480 cornues de lessives dites avances, pour pouvoir abreuver et alimenter mon barquieu neuf. Ainsi donc, posons par principe, et règle générale, qu'on ne doit jamais abreuver le barquieu neuf, moitié avance et moitié recuit passé, et même en petite partie, qu'en cas d'une stricte nécessité, ou qu'un moment de presse vous y oblige impérieusement ; vu que ce recuit passé, vous sert, comme d'usage, à abreuver votre barquieu avancaïré, gagnant nécessairement en alcali, en repassant sur l'avancaïré et ce, sans en diminuer ni augmenter le nombre prescrit.

Donc, il est bien entendu et convenu, que pour les lessives nécessaires à la coction, il est de toute nécessité d'avoir en main trois barquieux, lesquels vous forment une mène dont l'un s'appelle barquieu neuf, le second avancaïré, et le troisième recuit. Et quand ce dernier a été mis à l'eau, et qu'on le change de nouveau ou un quatrième barquieu, si on l'a, les deux autres changent de nom aussi ; c'est-à-dire, que le neuf devient avancaïré, et que l'avancaïré passe au recuit, et s'appelle recuit. La répétition étant toujours la même ou le jeu de la mène, je m'abstiendrai, et n'en parlerai plus craignant d'en faire un jeu, pensant que vous devez

m'avoir compris. Seulement on doit bien faire attention
ce que les ouvriers ne se trompent pas à ce jeu de barquieux,
soit par négligence, inadvertance ou à dessein. Ils pourraient
vous abreuver le barquieu neuf des lessives qui découlent
du barquieu du recuit, c'est qu'alors vos lessives seraient
très-imparfaites, vu qu'elles n'auraient pas leurs degrés
voulus, et la matière, sur laquelle on aurait négligé un lessivage, conserverait en elle 7 ou 8 degrés d'alcali au moins,
et en jetant cette matière à la voirie, ce serait une perte
réelle pour le fabricant ; attendu que la consommation de
soude deviendrait nécessairement plus forte, ne levant,
cependant, que la même quantité de cuites en l'année.

On peut donc facilement pourvoir à cela, en surveillant un
peu les ouvriers et pesant les lessives une ou deux fois par
jour, et mettre aussi à chaque barquieu, ainsi qu'aux récipients ; des étiquettes de plusieurs dimensions, convenues
avec les ouvriers. Ayant le soin de changer ces étiquettes
toutes les fois qu'un trou ou récipient est épuisé et remettre
une étiquette au nouveau récipient qui reçoit la lessive suivante en désignant sa qualité.

Maintenant revenons au n° 48, où nous avons chargé
notre cinquième barquieu, et où nous avons laissé notre
chaudière, à laquelle nous avions fait un second service
outre le rélargage. Attendu que la lessive que l'on met pour le
rélargage ne compte pas pour un service, je dois lui faire faire
un troisième service de 80 cornues de lessives dites secondes,
toujours avec bon feu, et nul doute qu'en lui faisant faire
une passée ou deux au plus, avec le rédable, ce service est
bientôt mangé, attendu que la pâte étant jeune et par conséquent avide, dévore de suite l'alcali, en s'emparant d'un
tiers, cette lessive marquant 22 degrés, se trouve réduite de
16 à 17 degrés, et il est donc urgent de la renouveler.
N'oubliez pas de faire jouer votre rédable, vous avançant le

travail, donc économie de main-d'œuvre ainsi que de combustible. Ne pas oublier aussi de le paléger, et lui faire la barbe une ou deux fois à chaque service, ce qui vous fait détacher la pàte qui s'attache aux parois de la chaudière, et la placer sur le milieu de la chaudière, par où elle peut atteindre un degré uniforme de coction en totalité. Vu que la pâte qui se trouve au milieu, avance plus rapidement en degrés de coction que celle du bord, recevant, 1° une action plus forte en feu, ainsi que de l'alcali de la lessive dudit service, lequel monte naturellement du fond, par la cause de l'ébullition que procure l'action du feu, tandis que la pâte qui se trouve attachée aux parois, ne peut être stimulée vu sa position. Ce qui vous force à passer la petite et grosse pelle, ainsi que la pelle à bec d'hirondelle, et lui faire la barbe. Par ce moyen, cette pâte que vous détachez des parois; passe, à son tour, sur le milieu de la chaudière, reçoit aussi, à son tour, l'effet du feu et des lessives. Ainsi donc, si vous négligiez de faire cette opération, et ce, à tous les services, il vous serait imposssible d'arriver à un liquidation parfaite; attendu que vous auriez la plus grande partie de votre pâte bien cuite et une petite partie manquant de coction, à laquelle, à la coupe du savon, vous trouveriez infailliblement des taches, vu que la partie de la pâte qui n'est pas assez cuite, ne peut pas bien se fondre, elle n'a pu donc pas bien s'épurer. Des morceaux de cette dite pàte, descendant sur le cuivre et s'y attachant malgré qu'on y passe le pied de porc, qui les détache en partie. Mais cette pâte redescend de nouveau, une fois montée à demi-chaudière et s'y rattache de nouveau, et ne monte malheureusement qu'après qu'on a abattu le feu ; c'est-à-dire, une fois la liquidation terminée. Cette pâte finissant par se fondre par une chaleur forte et intense, monte en partie et finit par se fondre. Ne pouvant plus redescendre, vous procure des nuances bleues, verdâtres, et même des parties toutes noires ; ce qui nécessairement vous déprécie votre cuite de savon blanc. Ce que vous éviterez donc , en ne pas manquant de se servir de la pelle dite spatule , et détacher bien la pâte des parois, tant avec la moyenne qu'avec la longue, pour pouvoir aller jusqu'au sol de la campane, et ensuite lui faire la barbe avsc la pelle à bec d'hirondelle ; ce que l'on appelle aux derniers services, faire manger la croûte.

Passons au quatrième service , lequel sera encore de 80 cornues de lessives secondes, à un ou deux degrés de plus , vu que le fond du trou, est toujours plus fort. Agissant toujours de la même manière que pour l'antécédant ; il faut vous observer que, comme vous débutez, il convient de lui faire, à ce quatrième service, une refrescade de 10 à 12 cornues de lessives bou , et si c'était pour du savon bleu pâle, vous vous serviriez de la lessive dite salé ; surtout si vous aperceviez une pâte morveuse. Au reste, les réfrescades ne peuvent pas nuire, en voici la raison : si votre pâte à mangé un ou deux degrés de plus dudit service , ladite réfrescade lui enlève, à la pâte, le peu de mauvaise odeur que peut lui avoir imprégné ladite lessive , et cette même réfrescade donne aussi un degré de plus à la lessive que l'on vient d'épiner , et aux deux derniers services. Les réfrescades sont utiles, attendu qu'elles stimulent la pâte à pouvoir manger encore quelques degrés d'alcali du service de lessive que vous lui faites. Après, je lui fais un service de 80 à 100 cornues de bou , marquant de 25 à 30 degrés ; bon feu, porte rouge. Ne pas oublier, à la première ébullition, de lui faire manger la croûte. 1° Ensuite, lui faire passer la petite pelle , après, la grosse, et faire tomber, bien sur le milieu de la chaudière, ladite pâte que contient la pelle, et lui faire la barbe, et ce, pendant deux fois avant que d'épiner ce service, lequel doit nous faire approcher de la coction de ladite pâte. Pour ce cas, le contre-maître marche à coup sûr, se basant sur un moyen bien simple, il n'a qu'a peser la lessive en servant sa chaudière et s'assurer par le matras, avant que d'épiner, et peser cette même lessive, et tant que la pâte mangera des degrés à la lessive qu'on lui aura mis, il est de toute nécessité de renouveler ledit service par un service première lessive dite bou. Il faut vous observer, que si vous pesiez une lessive chaude, c'est-à-dire, sortant du maatras, et que vous trouviez un degré en alcali de 20 degrés, en se refroidissant, cette même lessive, en acquiert ou augmente de deux degrés en sus, de plus, maximum règle générale, et alors, vous devez vous baser sur 2 degrés en alcali en sus que vous trouvez au matras.

Maintenant, m'étant assuré que pendant une ébullition de 8 heures au moins, que la pâte a mangé encore deux degrés, n'en aurait-elle mangé qu'un degré, et encore avec plus de lenteur ; vu que la pâte, en s'approchant de sa coction, mange plus lentement l'alcali, étant, pour ainsi dire, repue ou rassasiée. En comparaison, comme nous, quand nous nous mettons à table, en débutant nous débridons, mais par la suite, nous ralentissons faute d'appétit ; eh ! bien, il en est de même de la pâte.

Nous allons donc servir notre pâte, et lui faire un sixième service de 80 à 100 cornues de bou, marquant de 27 à 32 degrés, en ayant soin de lui faire, avant de le servir, une réfrescade de 10 à 12 cornues de lessives bou, que je fais épiner avant que de la servir. Cette réfrescade donnant une bonne odeur à la pâte, et la préparant à pouvoir manger encore un degré d'alcali, si toutefois elle en a la force. Ce service doit bouillir pendant 10 ou 12 heures, et pendant cet intervalle on ne doit pas manquer de paléger, etc., etc., et suivre le même système comme pour les autres cuites. Pensant que ce sixième service doit cuire entièrement ma pâte, m'apercevant pendant ces 12 heures de temps, qu'elle ne mange pas, trouvant alors en pesant ma lessive du matras, un ou deux degrés plus forte que quand je l'ai mise, et ce, par l'évaporation qui se produit pendant son ébullition ; la partie aqueuse se dégageant en fumée, doit nécessairement faire augmenter notre degré d'alcali. Reçonnaissant aussi une bonne odeur à la pâte, odeur de la violette, rose ou jasmin, prenant aussi un morceau de pâte de contenu de la chaudière, et la pressant entre les doigts, elle se brise en sciure de bois. Tous ces indices plus que palpables, vous prouvent et vous assurent que votre pâte est cuite à satieté. Si ce n'était pas ainsi, vous y feriez encore un service de bou ; mais admettons que ce sixième service ait saturé la pâte à satieté, on doit alors s'occuper, avant d'épiner ce dernier ou sixième service, à préparer la chaudière déjà éprouvée par l'empâtage et le rélargage de la demi-cuite, et dont après son retombage en ralliant toute la cuite, nous avons eu soin, après avoir enlevé toute la pâte, y avoir mis, sur ladite, son couvercle en bois pour la faire suer, et détacher de ses parois, le moindre menu morceau de pâte qui aurait pu y rester attaché, et l'avoir arrosé avec la casse, par le moyen de l'échelle qu'un ouvrier avait projetée autour des parois, étant déjà propre par l'effet seul du suintement que lui avait procuré cette même lessive chaude, qu'on lui avait laissé après le retombage, et que vous aviez ensuite épiné au recuit. Donc toutes les lessives que l'on épine par le matras et que vous conduisez au trou de recuit, un peu plus fortes un peu plus faibles, s'appellent recuits. Il n'y a que les derniers services d'une cuite de blanc ou de bleu pâle, que l'on retire de l'épine par le moyen du pouadou, que l'on met dans un récipient à part, laquelle lessive une fois refroidie, vous sert d'un moment à l'autre pour un service de coction. Règle générale, il faut deux barquieux

de soude ou deux et demi, pour une cuite de savon blanc ou
bien pâle de 110 à 120 millerolles ; cela varie suivant la
qualité des huiles. Ce calcul est fait, bien entendu en distil-
lant, avec soin, et de la manière indiquée à la lessivation
ainsi que pour les empâtages, rélargages et services pour
la coction, en évaluant toutes les quantités fin d'année, et
non en débutant à la première cuite où la proportion serait
beaucoup plus forte. Il faut donc 40 kilogrammes entre
soude douce ou salée de consommation par millerolle d'huile
ou 64 litres l'une.

Revenons à notre chaudière, laquelle doit nous servir à
liquider notre cuite de blanc. Etant bien propre, son cuivre
râpé n'étant recouvert d'aucun sel, et votre matras en bon
état, qu'il ne découle pas la moindre goutte, ce qui est défectueux pour les empâtages et pour les liquidations. Vous
devez y faire verser deux ou trois cornues de lessives dites
recuit chaud, en laissant découler ledit recuit contre les
parois de la chaudière, le plus lentement possible ; ce qui
vous garantit le cuivre à ne pas être exposé à un contact
froid, ayant en lui-même une chaleur assez concentrée ; en
l'exposant à un contact froid, vous exposeriez votre cuivre
à se fracturer, pas subitement si vous voulez, mais un peu
plus tard, pour avoir reçu cette intempérie. Au reste, toutes
les fois que l'on a fait d'une chaudière, soit demi-cuite ou
entière, on doit, règle générale, faire râper le cuivre par
un ouvrier, lui faire passer au-dessus le chiffon, après l'en-
lèvement dudit sel, visiter son matras, y remettre les fils de
chanvre qui y manquent, afin qu'il bouche bien hermétique-
quement. Ce dernier cas est l'affaire exclusive du contre-
maître, et après avoir replacé ledit matras, y faire verser
deux ou trois cornues de recuit chaud le plus tôt possible,
et quand cette chaudière doit servir pour une liquidation de
savon blanc, on doit de plus, par avance, la faire étuver.

Revenons donc au point où nous étions convenus qu'a-
près le sixième service; notre pâte de savon blanc était
cuite à satieté, et que le temps fut arrivé d'épiner la chaudière à coction. On doit alors se préparer en même temps,
1° à mettre un levain à la chaudière qui doit recevoir la pâte
une fois fondue, et voici de quelle manière : on y met 60
cornues de lesssive, de trois pouadous chaque, dont 30 cornues lessives dites avances à 20 degrés, et 30 cornues d'eau
pure, ce qui vous fait un levain de 60 cornues à 10 degrés,
et aux premières cornues, on doit de suite y faire bon feu,
porte rouge ; et dès que la chaudière qui contient la pâte a
fini d'épiner, on doit y faire un service de 60 cornues eau
des piles, ayant de 7 à 8 degrés, et de 20 cornues d'eau
pure, en les versant de pointe et changer de place à chaque
cornue, en faisant le tour de la chaudière, pour qu'il ne
tombe pas au même endroit deux cornues d'eau ; ce qui refroi-
dirait trop la partie de la pâte qui aurait reçu cet effet, et en
calculant les degrés des cornues de lessive qui restent du
cuivre au matras, vous fait encore un levain le tout ensemble
de dix degrés, et de suite lui faire bon feu, porte rouge.
Supposez que vous n'ayez plus d'eau des piles, vous devez
avoir recours aux lessives dites avances, et former un service
à 6 degrés au moins, de ce que vous mettlez, et en y ajoutant le pied, vous aurez toujours un service en tout de 10
degrés. Dès que vous avez fini de mettre votre service et que
votre feu va bon train, vous devez vous assurer, surtout an
commencement, pendant deux ou trois fois par le matras,
si vous n'êtes pas engraissé, ce qui arrive rarement ; mais si
le càs arrivait, vous devriez de suite faire ouvrir la porte
du fourneau, et y faire mettre de 12 à 15 cornues de lessives
dites avances, ce qui vous dégraisserait de suite votre pâte.
Mais si vous ne l'êtes pas, vous devrez fermer votre porte
de fourneau et y faire bon feu, porte rouge ; et laisser bouil-

lir ce service d'eau, pendant 7 ou 8 heures de temps. Vous ne devez pas, non plus, négliger de faire bon feu à la chaudière où l'on a mis le levain de 60 cornues à 10 degrés, laquelle doit recevoir la pâte, dès qu'elle aura été entièrement fondue.

La lesssive que vous pèserez de la chaudière qui contient la pâte avant la fonte, vous y trouverez à cette même lessive, de 20 à 22 degrés, attendu que le service de 80 cornues marquant de 6 à 7 degrés et avec le fond ou le pied, arrive à 10 degrés. Mais l'ébullition continuelle de 7 ou 8 heures de ce service faible, fait détacher une grande partie de sel dont la pâte s'était imprégnée, et laisse échapper aussi une partie de lessive très-forte qu'elle avait acquis et conservé pendant sa coction, et surtout à son dernier épinage, ainsi que d'une partie aqueuse, qui s'évapore durant l'ébullition des 8 heures de son levain faible.

Donc, il est bien convenu que pendant l'ébullition de ce service d'eau, qui dure de 7 à 8 heures, on doit lui passer pendant deux ou trois fois, la petite et la longue pelle, afin de pouvoir détacher, des parois de la chaudière, la pâte qui s'y invisque et s'y attache, et la faire tomber ou précipiter sur le milieu de la chaudière, afin que toute la pâte reçoive l'action du feu et de ce service d'eau, et lui faire la barbe le plus souvent possible. Ainsi tout ce que nous venons d'indiquer ayant été suivi, on doit laissser abattre le feu, et laisser épiner ladite chaudière qui contient la pâte, et une fois qu'elle a fait ou épiné, vous devez faire monter les madreurs pour la fondre. Ils doivent se servir du plâtre blanc pour sécher leurs rédables, manoufles, et éviter autant que possible de ne pas laisser tomber de plâtre dans la chaudière. (Pour la levée des cuites des savons bleus pâles, on se sert du plâtre gris.) On commence donc à y faire la première passée avec d'eau des piles, marquant de 7 à 8 degrés au plus, et une fois la

première passée terminée, on pourrait se servir, pour les
suivantes, au besoin, de l'eau pure ; mais cependant, dans
la crainte de s'engraisser, votre eau, n'aurait-elle qu'un
degré, qu'il convient d'user de cette dernière ; ce qui nécessairement vous empêche de vous engraisser. Attendu que
pour votre gouverne, sans y faire un gros feu, vous devez
le lui entretenir modérément, ce qui vous aide à accélérer
l'opération de ladite fonte, en entretenant toujours la chaleur à la pâte, et continuer toujours à madrer et à fondre
jusqu'à ce que la pâte soit entièrement fondue. Et dès l'instant que la chaudière est trop pleine, on place son banc sur
lequel on pose une canal plus ou moins long, suivant où se
trouve la chaudière préparée à recevoir la pâte fondue, et dans
laquelle on doit la liquider, et on se fait une place d'un pan ou
deux et on place un ouvrier en même temps armé d'un rédable ;
qui du sol de la fabrique, agite, avec le dit rédable, la pâte qui
en découle. La place étant faite, on continue à fondre, et après
une ou deux passées suivantes, vous vous trouvez de nouveau obstrué ; on se débarrasse une seconde et une troisième
fois s'il le faut, en retombant de nouveau de la pâte dans la
chaudière à liquidation. Ce qui vous permet de pouvoir fondre
votre pâte entièrement, en ne cessant pas de faire continuer les
madreurs à madrer, et d'autres ouvriers qui leur charrient
de l'eau à un degré et demi au plus, ce qui vous nécessite à
la vérité une ou deux passées de plus ; mais vous évitez aussi
de pouvoir vous engraisser. Et dès que vous voyez que votre
pâte est bien fondue, macérée, et qu'il n'existe plus aucun gru-
meau ou haricot ; nous appelons grumeaux les morceaux de
pâte de la grosseur d'un œuf de poule, cette partie de pâte
n'ayant pas été fondue, soit parce qu'elle a été manquee par
le rédable, ou qu'elle ait subi un refroidissement par l'eau ;
il en est de même aussi de celles que l'on appelle haricots,
étant encore plus durs mais moins gros et en forme d'un

haricot. Ces deux espèces de pâtes ou inconvénients, finissent par se fondre plus tard, dans la chandière de la liquidation. On doit donc, dis-je, faire passer de suite le rédable dans la chaudière de la liquidation, et arroser cette pâte de 10 cornues d'eau pure environ, en la faisant madrer en même temps, ce qui achève et rend cette partie de pâte égale à celle que vous devez faire retomber instantanément par deux leveurs de cuite; et ne pas cesser de faire agir le rédable durant tout le temps du retombage, ce qui achève de lui casser entièrement les nerfs et fond en partie les grumeaux et le tout le plus promptement possible afin que la pâte ne puisse se refroidir, et une fois toute retombée, je ne dirai pas à extinction, vu que ce que le pouadou ne peut pas prendre, un ouvrier placé sur une échelle, le retire par le moyen de la casse et un autre ouvrier le recevant dans un pouadou, la dépose dans la chaudière à liquidation. Une fois donc tout retombé, on doit s'assurer par le matras si l'on ne serait pas engraissé, ce qui vous obligerait d'y mettre de suite 15 cornues de lessives avances, pour pouvoir vous dégraisser. Mais n'étant pas engraissé, le reconnaissant de suite par votre lessive pure, sans mélange de pâte; c'est-à-dire non broyée, vous devez de suite y faire un bon feu, porte rouge, pendant six heures consécutives; mais ne pas manquer de s'assurer, cependant, avant de garnir votre feu, de la lessive du matras, laquelle en la voyant vous êtes engraissé ou non à votre pâte en liquidation, et si l'engraissage n'a pas lieu pendant ces six heures de temps, nécessairement votre pâte étant en ébullition, révesse, monte. On doit alors la surveiller, et profiter de ce moment, et par le moyen d'une longue pelle à bec d'hirondelle, la faire révesser; c'est-à-dire, que la pâte qui monte du milieu de la chaudière, atteigne toutes ses parois, ce qui vous chauffe toute la pâte. Ainsi pendant les six heures de temps, quand

votre pâte a bien bouilli et revessé d'elle-même, ainsi qu'a-
vec l'aide de la pelle, laquelle vous aide à rompre et à macé-
rer quelques grumeaux ou haricots de pâte, et à procurer
une chaleur voulue aux parois de la chaudière ; on laisse
abattre le feu, on y ouvre la porte du fourneau et on l'épine
en ayant soin de laisser au fond de la chaudière, une vingtaine de cornues de lessives, ce qui est facile à calculer, sans
dépoter les cornues qui découlent du matras. Sachant,
1° que le levain que l'on y a mis était de 60 cornues et 10
d'eau pure, cela fait 70, et une 15ᵉ en retombant au moins,
on peut donc évaluer à 100 cornues en tout au plus, et
sachant que le mallon en entier de la chaudière contient 80
cornues, vous ne devez donc lui laisser épiner qu'un mallon au
plus ; au reste, il vaut mieux encore avoir 30 cornues sur
le matras en lessives, que 15 cornues, attendu que si vous
vous trouviez, après le premier service, de la lessive en trop
grande qnantité, on est toujours à temps à l'épiner ; le sur-
plus, à la vérité, on doit épiner avec prudence, feu abattu,
porte ouverte, et lentement, c'est-à-dire, qu'on doit donner
au matras une petite issue à la lessive qui en découle. Une
fois donc que l'on a épiné, on met de suite les planches et
l'escabelette, et deux madreurs prennent chacun ces 4 cornues, lesquelles contiennent, sur les 4 cornues un pouadou
avances à 2 degrés, et le restant en eau pure, ce qui vous
donne une lessive à 4 degrés environ ; lesquelles cornues de
lessives l'on vesse sur le rédable du madreur, lequel doit
tirer du fond ; de la lessive qui se trouve au pied de la chaudière, laquelle se trouve bien chaude, et en montant donc,
par ce moyen, procure en se répandant sur la superficie de
la chaudière, donne à la pâte une chaleur indispensable,
et l'évite donc de se refroidir, ce qui nuirait à la liquidation,
et vous contrarierait nécessairement. Ce premier service
doit être de 30 cornues, dont 5 cornues de lessives dites

avauces, et 25 cornues eau pure ; et dès que vous avez fait
ce premier service, vous devez y faire bon feu, mais vous
devez tenir la porte du fourneau à un pan et demi ouverte,
et ce, pour éviter un coup de feu, qui par une trop forte
ébullition subite, ferait monter trop rapidement la pâte,
laquelle s'emparerait d'une dimension trop grande du contenu de la chaudière, laquelle vous est indispensable pour
les autres services à faire, et pourrait aussi vous engraisser et
faire attacher au fond du cuivre, une partie de pâte, laquelle
s'attachant au fond du cuivre, pourrait vous le faire fracturer, ou pour le moins empêcher l'ébullition de se produire.

Aussi, il est très urgent, durant les empâtages et les
liquidations, d'y passer de temps à autre le pied de porc, et
le passant délicatement sur toutes les parties du cuivre, s'il
existait un morceau de pâte ou linge attaché sur le cuivre,
il le détacherait, et à la première ébullition, lesdits objets
ne manquent pas de monter et viennent se montrer à la superficie de la chaudière. On doit donc observer ledit moment,
et dès leur apparition, vous devez les saisir avec la casse à
manche en bois et les jeter dans une épine. Une fois votre
service fait, on laisse bouillir ce premier service pendant
trois heures consécutives, et on laisse abattre le feu, et l'on
y fait un second service de 6 cornues d'eau pure que l'on
mélange avec 2 cornues de lessives avances à 20 degrès, ce
qui vous fait par conséquent, en tout, 8 cornues à 5 degrés.
Les premiers services doivent se faire à ces degrés énoncés,
afin de ne pas s'exposer à précipiter votre liquidation, et
entretenir toujours un humide au cuivre assez suffisant, afin
que la pâte puisse travailler, et ne pas courir le danger de
faire fracturer votre cuivre. Ainsi il est indispensable avant
que de faire un nouveau service, de s'assurer par le matras
si votre cuivre a une quantité suffisante d'humide en lessive,
ce qui lui permet de pouvoir faire agir la pâte avec le

secours du feu et le garantir d'une fracture ; ce qui ne manquerait pas d'arriver, s'il manquait totalement de cette
lessive avance, ou salé, n'étant l'une et l'autre que pour
garantir le cuivre. Il faut vous observer qu'à partir du second
service, vous devez mettre votre quantité de lessive toujours
et avec l'aide de la casse, en imitant la pluie en arrosant, et
un ouvrier qui ne cesse de paléger durant tout le service, et
toujours la porte du fourneau ouverte pendant la durée du
service. En imitant la pluie, la lessive arrive de même sur le
cuivre, en petite quantité, et avant que d'y arriver elle se
trouve chaude, et le palégeage, ou en vannant, on empêche
à la pâte qui se trouve à la superficie de la chaudière de se
refroidir ; et pour ce qui concerne les services suivants, il n'y
a pas d'heure fixe, ce n'est que le feu, l'ébullition et la lessive du matras, qui vous guident ; c'est-à-dire, si le premier
agit à volonté, l'ébullition devient facile, et vous voyez
l'état de votre pâte en travaillant, et votre grand régulateur
est la lessive du matras ; si vous la voyez trop abondante et
si elle pique trop, vous devez vous modérer au mélange des
lessives dites avances, avec l'eau. Vous ne devez alors en le
servant de nouveau, n'y mettre qu'un pouadou de lessives
dites avances, sur 6 cornues d'eau pure, dont le mélange se
fait ordinairement dans un grande cuve en bois, la tenant à
proximité de la chaudière qui liquide, et si, par contraire,
vous trouvez un humide satisfaisant, soit en le goûtant, ou
en le pesant, en laissant reposer votre lessive que l'on vous
monte avec la sasse, et sachez, pour votre gouverne, que
votre humide ou lessive du matras, ne soit jamais en sous
du titre de 10 degrés à votre pèse-lessive. Il faut vous observer aussi, que si la même lessive se trouvait trop forte au
fond, l'ébullition se développant trop fortement, vous ferait
monter votre pâte trop vite, et vous vous trouveriez de suite,
sans vide ou, vulgairement dit, sans revanche à votre chau-

dière, pour pouvoir terminer à bonne fin votre liquidation.
Et si, par contre, votre humide ou votre lessive du matras
était trop faible, le gras se précipiterait tout d'un coup, et
vous vous trouveriez donc engraissé ; et encore courir le risque
de cassser votre cuivre, si vous n'aviez pas le soin de faire
mettre de suite 15 cornues de lessives dites avances à 20
degrés, et le cas échéant, une fois dégraissé, vous devez,
après et le plus tôt possible, laisser abattre le feu et faire
épiner une partie de cette lessive, étant trop forte pour pouvoir obtenir une liquidation satisfaisante ; et quand cela vous
arrive, vous êtes donc encore à recommencer, ce qui est fort
désagréable : perte en combustible, temps, main-d'œuvre, etc., etc. Mais admettons que vous ayez mené votre feu
et votre liquidation à bien, et trouviez un pied, c'est-à-dire,
une lessive satisfaisante en quantité et degrés, vous devez
donc lui faire un troisième service de 6 cornues d'eau pure
mêlée à 2 pouádous lessives avances à 20 degrés, et y garnir
mon feu, et dès que ce feu est abattu, je dois de nouveau
m'assurer de la lessive du matras, avant que d'y faire regar-
nir le feu, et y trouvant un humide raisonnable, c'est-à-dire,
ni trop fort ni trop faible, la pâte montant graduellement,
c'est-à-dire, lentement, tant en travaillant et revessant, et
l'aidant moi-même en la vannant avec la pelle, en revessant
la pâte du milieu sur les parois de la chaudière, sur tous les
sens, en changeant de position. Je puis, dis-je, y faire faire
un second feu, avant que de lui faire son quatrième service.
Ne pas manquer, une fois le feu bien allumé, de tenir la
porte du fourneau toujours à un pan et demi ouverte, pour
éviter un coup de feu ; et une fois ce feu abattu, je procède
au quatrième service, en diminuant mes degrés. Mettant 6
cornues d'eau pure, mêlées à 1 cornue avances à 20 degrés,
ce qui me donne en totalité 7 cornues à un peu plus de 3
degrés. En les projetant toujours avec la casse, et vanner

continuellement , pendant tout ie temps du service , ce qui est indispensable. Recommandant en outre, de s'occuper à vanner de temps à autre et le plus souvent possible , continuer à faire un feu, comme j'ai déjà indiqué, et faire monter de temps à autre, de la lessive du matras, surtout avant que de lui faire un nouveau service ; lesquels en totalité varient de 10 à 12 services. Et durant tous ces services , vous devez intercaler, c'est-à-dire, pour le moment une fois un peu plus fort , et à un autre service un peu plus faible. De cette manière, vous voyez, en surveillant votre pâte, le système à suivre sur vos précédents services. Donc au cinquième service , vous mettrez 6 cornues d'eau pure sur 2 cornues de lessives avances à 20 degrés , ce qui vous fera en tout un degré à 5, et procéder toujours de la même manière énoncée, sans y revenir, le sixième service vous y mettrez 6 cornues d'eau pure et une cornue avance , ce qui vous donnera un degré à 3 environ ; le septième service, 6 cornues eau pure et 2 cornues avances, ce qui vous donne un degré à 5 ; mais au huitième service , vous devez vous réduire en degré , et ne mettre jamais plus qu'une cornue et même la moitié, suivant l'état de la pâte, la liquidation s'avançant , s'approchant de sa fin, à moins d'un cas extraordinaire. C'est donc la pâte qui doit vous guider ; vous la voyez liquide , transparente, et en prenant avec la pelle, vous la laissez tomber doucement dans la chaudière, elle se détache et se divise par parties plates et liquides de la grosseur d'une pièce de 5 francs au plus ; et observez bien que dès qu'elle s'est détachée de la pelle, cette dite pelle reste nette , sans aucun indice de viscosité. Vous voyez aussi monter une partie d'écume sur la superficie de la chaudière, ainsi que plusieurs petites globules se représentant en forme de petits brillants, en la laissant détacher de la pelle, l'abandonnant lentement , en inclinant peu ladite pelle, vous apercevez soit au grand jour ou à la lumière que cette pâte a rejeté ou abandonné presque tout son corps gras impur. La lessive du matras vous l'affirme aussi, par le gras, partie noirâtre, qui se mêle au peu de lessive, laquelle alimente le cuivre. Donc d'après tous ces indices, le neuvième service, vous ne mettrez que 3 cornues d'eau pure et un pouadou ou même une casse de lessive avance, ce qui vous donnera un service à 2 degrés. Ainsi donc, si vous voyez qu'après ce neuvième service, la pâte vous présente une liquidation satisfaisante, c'est-à-dire à satiété; vous devez vous assurer s'il existe encore un peu d'humide sur le cuivre pour pouvoir le garantir, et on s'en assure par le matras; vous voyez votre lessive broyée par l'effet du gras qui s'y est précipité; prenez avec le dessus de l'ongle de votre gros doigt, une goutte de la pâte du dessus comme cellle du bas, et en détournaut doucement votre doigt, la goutte ne tombe pas; alors dès que le feu est abattu, ne produisant plus aucune flamme, vous faites monter un homme sur la chaudière, avec planche et escabelette par dessus, placées solidement pour la sûreté de l'ouvrier, et la pâte manquant de 1 à 2 pouces, pour arriver à niveau ou à fleur de la chaudière, l'ouvrier en tirant du fond avec le rédable, sans qu'il touche le cuivre, ce qui vous ferait nécessairement déborder la pâte de la chaudière; donc par le moyen dudit rédable, dans une ou deux minutes de cet exercice, la pâte monte jusqu'au niveau de la chaudière, lui procureront une chaleur remplaçant la flamme, laquelle pourrait nuire au cuivre dans ce moment; et c'est alors même qu'on doit y faire tomber le feu dès que la pâte a atteint le bord de la chaudière; et vous étant, par avance, muni de 8 à 10 cornues d'eau pure, vous les lui arrosez avec la casse, et vanner en même temps avec la pelle; et une fois le feu totalement tombé, et le faire tirer avec le ringard par le fougonnier, jusque sur le seuil de la cave, et même le faire éteindre. Et le dernier service mis et fini, vous devez de suite faire placer de nouveau les planches et l'escabelette, et un ouvrier y montant dessus, tire du fond avec le redable la pâte, pendant deux heures consécutives, et un autre ouvrier vanne en même temps avec la pelle, la pâte, à la superficie de la chaudière, sans aussi discontinuer, en les remplaçant au besoin par d'autres, s'ils sont fatigués. Le contre-maître doit, si le temps le lui permet, assister à cette opération, et muni d'une casse à manche en bois, en retirer les objets impurs qui se présentent à la surface, tels que filasse, bois, papier, toile ou *maurigo*, ce qui arrive assez souvent, et jeter ces dits objets sur le plan de la fabrique. Vous observant que ces objets cités ci-dessus, pourraient vous détériorer vetre cvite; si le contre-maître ne peut faire cet office, il doit mettre un homme de confiance et adroit pour le remplacer et saisir tous les objets nuisibles. Pendant cette opération, surtout au début, vous voyez monter une partie de pâte liquide, noire comme un charbon; eh! bien, c'est ce qui doit vous tranquiliser, vous faisant reconnaître par là, que la partie impure s'est détachée, et qu'en reposant, cette partie de pâte noire étant liquide, mais plus lourde que la belle pâte, se précipite nécessairement au fond de la chaudière, et que la partie écume, qui est encore une impureté qui se détache du savon, mais heureusement que la légèreté de cette écume fait qu'elle monte au-dessus de tout le contenu de la chaudière; donc la belle pâte reste, par conséquent, au milieu, c'est-à-dire, entre l'écume et le gras. Règle générale, cette pâte doit se reposer en hiver pendant 40 ou 48 heures, avant que de la monter aux mises, et en été pendant 80 ou 96 heures. Il faut avoir soin en hiver de faire mettre sur la chaudière les couvercles en bois, après l'espace de 24 heures de repos. Et ce, pour éviter, 1° qu'un ouvrier, par maladresse, n'y laisse tomber n'importe quel objet, et 2° que le froid ne lui fasse acquérir une croûte trop épaisse ; les morceaux étant plus lourds, deviennent nécessairement plus pénibles à enlever , et qu'il pourrait bien arriver qu'un desdits morceaux, que l'on enlève tous les uns après les autres, avant que de pouvoir débarrasser toute ladite écume ; un desdits morceaux, dis-je, pourrait bien vous échapper, et étant plus compacte, c'est-à-dire, beaucoup plus lourd que ladite écume, et la belle pâte pourrait, dans sa chute, descendre jusqu'au fond de la chaudière et nous faire monter une partie dudit gras, lequel a en lui une chaleur beaucoup plus forte , et la partie dudit gras en montant, ne manquerait pas de vous broyer votre belle pâte, et lui donner des filons noirâtres, et vous forcerait donc à renouveler ladite liquidation. Main-d'œuvre , combustible à pure perte, et le temps, qui encore contrarierait la manutention ; attendu que quand une fabrique est en mouvement, le contre-maître compte jour par jour, et même toutes les heures de la semaine pour tous les offices à faire. Ainsi donc, il convient de prendre tous les soins possible pour éviter ce désagrément.

Maintenant parlons de la manière pour transporter la belle pâte aux mises de blanc ; lesquelles se trouvent ordinairement au premier étage. Avis, si en été vous pouviez mettre votre belle pâte au rez-de-chaussée, ce n'en serait que mieux, attendu que le siccatif s'accélèrerait plus vite. Revenons à notre premier étage. Si en hiver il fait un froid rigoureux, vous devez fermer par avance toutes les fenêtres dudit appartement et garnir quatre ou cinq réchauds de tôle de charbon en braise, que vous placez le plus près des mises de savon blanc, sur des briques ou tiercenaux doubles, pour ne pas nuire au plancher ; ce qui vous procure une chaleur convenable à l'appartement, et fait que la pâte ne se congèle pas si promptement, ce qui vous donnerait un savon sans lustre, sans éclat et cassant, sans cette précaution ; et par contre, en été, vous ·devez ouvrir toutes les fenêtres et lui procurer un courant d'air le plus fort possible, vu que la pâte par une températurs chaude sèche difficilement.

Chaque mise doit être préparée, c'est l'affaire du *coupaïré*, et avoir un pouce de fleur de chaux; c'est-à-dire, qu'elle doit être déflorée ou délitée par l'action de l'air et non de l'eau, et de plus, passée au tamis, avant que d'en faire cet emploi, sur ledit sol du plancher.

Les fauques doivent être calefatées avec du papier gris et cimentées avec de la pâte de savon que l'on prend d'une chaudière dont la pâte est avancée autant que possible en coction, et au besoin avec du plâtre blanc bien fin; alors le *coupaïré* ou un ouvrier capable, unit bien cette chaux par le moyen d'une plane en bois, afin que la pâte que l'on va y verser, vous donne des pains réguliers, c'est-à-dire, tous de la même dimension et épaisseur, suivant les pains qu'on désire avoir pour leur poids et la vente; soit de 16, 18, 20 et 22 kilogiammes l'un, et pour atteindre ce but, on se sert d'une mesure faite exprès, laquelle est marquée par différentes dents sur ledit morceau de bois, que l'on pose délicatement jusqu'à la couche de chaux, et dès qu'on voit, à peu près, que la quantité de la pâte qui y est déposée, s'approche de la dimension ou épaisseur voulue des pains que l'on désire, suivant la vente demandée. Donc, en même temps que l'ouvrier étend sa chaux et place son crible en fil d'archal, lequel est supporté par trois pieds en bois, et sous lequel on place, sur la chaux une ou deux grandes feuilles de papier gris à grand format, sur lesquelles la pâte tombe et évite donc de faire une excavation à ladite chaux. Et en même temps d'autres ouvriers s'occupent à enlever le dessus de ladite cuite qui consiste en pâte refroidie, que l'on coupe par le moyen d'une pelle à bec d'hirondelle, premièrement en long et ensuite en large toute la pâte superficielle de la chaudière ; et on enlève un morceau après l'autre, et un autre ouvrier les reçoit dans une casse et les dépose dans une cornue en tôle ; lesquelles servent d'habitude pour les services des barquieux et chaudières ; une fois les cornues pleines, un ouvrier ou deux transportent cette pâte dans un mison que l'on a *ad-hoc*, ensuite on enlève l'écume grossière, laquelle donne un peu sur un gris foncé que l'on enlève avec la casse, et ensuite on enlève l'autre écume, qui est plus blanche et beaucoup plus légère, que l'on transporte de la même manière et au même lieu. Si l'on veut se procurer des barres d'écume, c'est alors le moment ; on dépose alors l'écume dans des cornues en bois dans lesquelles on y verse et sur ladite écume un ou deux verres d'eau froide et pure, et par le moyen d'un bâton rond d'un mètre environ de longueur, un ouvrier broie ladite écume, comme si vous vouliez faire refroidir du vin cuit ; et plus on broie ladite écume, plus elle gagne en blancheur et en finesse à l'œil, et après cette opération, on la verse sur la chaux préparée de la même manière que pour la belle pâte ; seulement, ne se servant pas du crible, la déposant seulement sur une feuille de papier gris, placée dans deux misons plus ou moins grands, suivant la qualité et l'épaisseur des barres que l'on désire obtenir. Cette écume, habituellement, est consacrée à donner aux pratiques, à la clientèle.

Laissons notre écume et revenons à notre pâte de savon blanc. Dès l'instant que toute l'écume est enlevée et que la belle pâte en est entièrement débarrassée ; si on a 6, 7 ou 8 hommes, surtout en hiver, on a autant de cornues en bois préparées par avance, ne perdant pas la pâte et sèches à l'intérieur autant que possible ; on place de suite un banc ou ane en bois, et un ouvrier ou leveur de cuite, par le moyen d'un grand pouadou, en extrait la pâte délicatement, sans mouvements brusques, surtout en déposant son pouadou sur la pâte, et en remet deux pouadous à chaque ouvrier, dans sa cornue en bois, qui la transporte aux mises. Il faut bien vous observer que les trois premières cornues, ou au moins les deux premières, doivent se vider lentement dans le crible en fil de fer, afin que la pâte n'emporte pas la superficie de la chaux, dès qu'elle a franchi la superficie de la feuille de papier gris ; mais quant aux autres cornues, on doit aller le plus vite possible, afin que la pâte ne fasse ou n'éprouve aucune halte, surtout en hiver, attendu que la pâte, avant d'arriver aux quatre extrémités des mises ou fauques ou bien coulant par petit volume, serait sujette à se refroidir, et procurerait au savon une défectuosité sans éclat. Une fois que la première mise a reçu sa quantité de pâte voulue, on change le crible que l'on place dans une autre mise, préparée de la même manière que la première et ainsi de suite pour les autres ; et dès qu'on cesse de découler de la pâte à la première mise, on doit de suite, par le moyen d'une longue pelle à bec d'hirondelle, vanner la pâte de ladite mise ; c'est-à-dire, lui faire disparaître tous les plis ou fils qui se forment, ainsi que la croûte, lesquels ont lieu et se produisent par l'état limpide de la pâte et par une faible partie de chaux que la pâte entraîne avec elle durant sa course et aussi par la tention du froid, et on doit donc usiter la même opération à toutes les autres mises, si l'on veut avoir une pâte qui ne présente pas de défectuosités. Il faut vous observer aussi, que lorsque l'ouvrier tire la belle pâte de la chaudière avec le pouadou, il doit, lorsqu'il arrive sur la fin de prendre la belle pâte, agir avec toute la délicatesse possible, lentement ; absolument comme un liquideur d'huile, pour ne pas faire mélange avec le gras ; et si par hasard, ce qui arrive, il touchait à une partie du gras, vous ne devez pas mêler cette pâte mélangée avec la mise que l'on est après couler, et mettre cette pâte mêlée à part ; attendu qu'elle vous détériorerait tout le restant de ladite mise, vu que cette partie du gras que vous auriez pris avec le pouadou, s'étendrait par filons et s'immiscerait avec la partie de la belle pâte, et naturellement par l'état de deux corps fluides, dont l'un bien pur, ayant la couleur de l'huile, et l'autre tout à fait noir, ne manquerait pas de dégrader, au moins en partie, la pâte de ladite mise. Et lorsque vous expédierez ce savon, ne trouverait-on qu'un seul pain pas de recette, on vous demanderait à coup sûr, un rabais, et peut-être même, il pourrait bien se faire que le consommateur, ne connaissant pas la cause de cette défectuosité, se pourvut ailleurs ; et en perdant ce client, comme vous le savez, on risque souvent d'en perdre bien d'autres ; et ce, pour un rien, une négligence. Une fois donc que toute votre belle pâte est montée et qu'elle se trouve aux mises, il faut que le contre-maître surveille cette pâte, c'est-à-dire, s'assurer par lui-même, du moment qu'elle peut supporter un ouvrier ou deux, pour pouvoir la battre, ce qui arrive en hiver, par un froid rigoureux, et suivant aussi les compositions d'huiles, telles que sésame, saindoux et rescence ; je dois vous observer que ces dernières ne doivent pas rentrer dans la composition d'un chargement de savon blanc, que par nécessité, séchant trop vite ; et en été, au contraire, on doit s'en servir avec proportion pour vous tenir la pâte dans les mises, tant pour les savons blancs que pour les savons bleus pâles et vifs. Revenons à notre composition supposée et en hiver, que 24 ou 30 heures d'intervalle, ladite pâte est capable de vous supporter ; on doit donc ne pas manquer de s'occuper à la battre, que si vous ne faisiez pas cette opération, votre savon serait cassant et n'aurait pas de lustre, et en lui-même aurait à différents endroits des parties vides, où l'air se serait introduit, et en la battant avec les demoiselles, ce vide n'existe plus et la pâte acquiert du lustre ; vous devez avant que de la battre, balayer le dessus de la pâte avec des balais en palme, attendu qu'en frappant avec les demoiselles, vous incrusteriez au savon la poussière qui s'y trouverait. En commençant, vous devez battre à coups modérés la première mise, et après faire la même opération aux autres mises, que vous laissez reposer à la température, mais dans l'espace de 4 à 5 heures après, vous devez reprendre la même opération, toujours par le moyen des demoiselles en bois, et frapper plus fort que la première fois, et unir bien la pâte que nulle empreinte de coup ne paraisse. Il faut, pour atteindre ce but, que l'ouvrier qui passe le premier, batte en commençant à coups modérés et le plus régulièrement possible, et un autre ouvrier qui le suit, et repasse après lui, étant plus expérimenté ou capable, en battant aussi, régularise au besoin la moindre défectuosité si elle existe, et une fois que votre pâte des mises a été bien battue, en tout sens, il ne faut pas trop tarder à la couper, vu que si vous laissiez trop sécher votre pâte elle s'écaillerait ; donc une fois battue vous devez tout de suite la tracer, les pains étant tous de la même dimension, la coupe ne différant pas comme pour les mises de pâtes, vous ne devez pas rester plus de 6 heures sans la couper ; et dès que toute la pâte des mises se trouve coupée, vous devez de suite, sans différer un seul instant et faire relever vos pains de chaque mise le plus promptement possible, vu que si vous retardiez, la pâte, d'elle-même, naturellement, se joindrait en partie ; c'est-à-dire, que les pains, d'un à l'autre, se colleraient de nouveau, ce qui vous occasionnerait plus de peine et de dégradation à la pâte. Donc en détachant vos pains de savon blanc, vous devez de suite les placer sur un plateau en bois, en forme de piles et en croix, et en enlevant les pains de savon, de l'un à l'autre, aux mises, on se sert d'une truelle forte, qui ne sert que pour les pains de

savon blanc ; elle est en acier, ainsi que d'une masse en bois,
et une spatule du même. Au reste l'adresse fait tout, pour
aller promptement et ne rien dégrader ; on doit laisser
prendre l'air à ces pains placés en piles , en hiver, pendant
12 heures de temps au moins, et en été 24 heures au moins ;
et passé ce laps de temps , on doit s'occuper à les négocier.
Il faut vous observer que si vous aviez une expédition à
faire, et que vous fussiez pressé ; en les sortant des mises,
on peut les négocier, les peser et les mettre en caisses, mais
l'ouvrier n'avance pas autant de travail , et est susceptible
d'endommager les pains, soit en les négociant ou en les mettant
en caisses, soit aux grandes ou tambours. Le dernier pain à
placer rentrant difficilement , attendu qu'il est de rigueur
en encaissant les pains, qu'ils ne jouent pas ou ne ballotent
pas dans la caisse ou tambour ; et lesdits pains souffrent
encore bien davantrge, lorsque les emballant dans des couffes
ou nattes, ou feuilles de palmier, lorsque les pains, disons-
nous, sont dans cet état, sortant à peine des mises ; donc à
moins d'être pressé , règle générale , on doit donner le laps
de temps que nous avons dit plus haut , avant que de les
négocier ; et en deux mots nous allons expliquer ce qu'exige
le mode de négocier : on commence 1° à donner un coup de
balai en palme auxdits pains qui se trouvent en dessus des
piles, ainsi qu'aux parois, et on les détache par où ils s'ap-
puient et y faisant le tout tour ; après on les dépose sur une
table en bois, laquelle ne sert que pour les savons blancs, et
par le moyen d'un zibon, on l'écarit , c'est-à-dire, qu'on
lui enlève le fil ou mordant par où est passé le couteau en
le coupant ; après on y passe une lame de couteau , avec
laquelle on râcle les parois en tous sens, et ensuite de la flanelle
bien souple , et on les remet de nouveau sur lesdits plateaux
en bois ; et une fois la pile finie , on y passe de nouveau la
flanelle, et un deux jours après, s'ils ne s'expédient pas , on

les met en magasin par les ouvriers, ou par des femmes,
quand le travail des chaudières vous presse. Voici donc la
fin des savons blancs ; je n'ai seulement qu'à y joindre un
tableau exact de la liquidation et degrés simulés de ladite
cuite. Ainsi pour la liquidation de cette dite cuite, nous
arrivons, comme vous le verrez par le tableau ci-derrière, à
sa solution, à un degré de 4 , non compris les 2 centièmes
de degré et le tiers de cornues à 33 centièmes de degré ou
fraction. On doit donc toujours, à la fin de chaque opération,
et ce, par un nombre de services voulus, de 9 à 12 environ,
ce qui demande une quantité de cornues de lessive de 90 à
120 cornues environ , non compris la lessive du matras au
dit levain , et en la comprenant, on aboutit à un degré qui
varie, à la fin de la liquidation, de 3 à 5 degrés au plus, et
la lessive du mataas pèse ordinairement de 9 à 11 degrés ,
chaude, sans jamais une variation plus ou moins forte, tout
ceci pour votre gouverne.

Au matras — 10 cornues à 10 degrés font 100 degrés

1er SERVICE..	25	id.	0 —	0 —
	5	id.	20 —	100 —
2e. . » ...	5	id.	0 —	0 —
	2	id.	20 —	40 —
3e... » ...	5	id.	0 —	0 —
	2	id.	20 —	40 —
4e... » ...	5	id.	0 —	0 —
	1	id.	20 —	20 —
5e... » ...	6	id.	0 —	0 —
	2	id.	20 —	40 —
6e. . » ...	6	id.	0 —	0 —
	1	id.	20 —	20 —
7e... » ...	6	id.	0 —	0 —
	2	id.	20 —	40 —

à reporter 86   à reporter 400

```
                Report 68                      Report 400

8ᵉ... »  ...⎰  6      id.   0   —          0   —
         ⎱  1      id.  20   —         20   —

9ᵃ... »  ...⎰  3      id.   0   —          0   —
         ⎱  0 1/3 id.  20   —          6   —

10ᵉ.. »    — 10      id.   0   —          0   —   Feu tombé.
         ────────                  ────────────
       106 cornues 33 pour le tiers à diviser 426 par │ 106
                                               02        4
```

Si l'on avait une cuite de blanc composée de deux gras à
repasser, et le restant en huile ou débris de savon blanc ; on
peut éviter d'y faire le service d'eau, vu que la pâte se
trouve vanne à cause de l'addition des deux gras ; on peut
alors, dis-je, dès que la pâte est bien cuite, faire épiner 70
à 80 cornues de lessive et y faire monter de suite les
madreurs ; en faisant la première passée en rompant avec
des eaux des piles, marquant de 8 à 10 degrés, dont 48
cornues pour la première passée en rompant, et ensuite lui
faire encore 2 ou 3 passées en tirant du fond avec de l'eau
pure, jusqu'à ce qu'on voie que le grain soit bien macéré.
Mais il est de toute convenance de pousser la liquidation un
peu plus longuement que pour les autres cuites, afin que
toute l'impureté que contiennent ces deux gras se détache
et tombe au fond de la chaudière, et l'on a soin avant que
d'arriver à la parfaite liquidation, de faire retirer du matras
de 20 à 25 cornues de pâte, ce qui 1° vous fait de la place
pour pouvoir lui faire quelques services de plus, cette impureté n'y étant plus, vous facilite à obtenir une liquidation
convenable. Maintenant avant que de parler des savons bleus
pâles, bleus vifs et des savons marbrés dits gras, il faut que
je vous observe qu'il convient à un fabricant de savon, de
fabriquer toutes les qualités de savon, et voici la raison :

Généralement il est reconnu, par expérience, qu'une cuite de savon blanc de 110 millerolles d'huile ou de tout autre corps gras, donne toujours un bénéfice de 200 fr. par cuite au moins, de plus qu'une cuite de bleu pâle, avec un chargement égal à 110 millerolles, en prélevant bien entendu, la main-d'œuvre et le charbon de plus que nécessite la cuite de blanc au bleu pâle et au bleu vif. Ensuite le fabricant est bien aise d'avoir chez lui toutes les qualités de savon, ce qui fait que votre clientelle ne va pas se pourvoir ailleurs dès qu'elle trouve chez le même fabricant toutes les qualités qu'il désire ; surtout en qualité égale que chez les autres fabricants et au même prix. Ensuite en fabricant du savon blanc, il faut vous observer qu'aujourd'hui vous chargez votre chaudière et que huit jours après, vous pouvez faire une expédition en savon blanc, surtout en hiver ; ce qui vous donne la facilité de tirer sur le client auquel on expédie, et même en escomptant, vous pouvez au besoin, vous procurer de l'argent à court intervalle, ce que vous ne pourriez pas exiger des savons bleus pâles et vifs ; ensuite il vous reste, de ladite cuite de blanc, le gras, qui est estimé à une valeur de 2,000 kilogrammes environ, mais ce savon, comme le bleu pâle on bleu vif, demande encore à ce qu'il reste en mise, au moins un mois ou trente jours ; ainsi alors en le mêlant à une cuite de blanc, c'est 20 millerolles d'huile, calcul fait, sur lesquelles vous pouvez compter, mais vous devez alors repasser ce dit gras en attendant d'en avoir un second, ce qui vous donne un équivalant de 40 millerolles les deux ensemble ; en les convertissant après être repassés en bleu pâle ou bleu vif, et je dois vous observer que sur le dernier gras vous pouvez facilement compter 20 millerolles d'huile, n'importe la qualité de de cette dernière, ou tout autre corps gras, et ce, en versant vos 20 millerolles d'huile sur ledit second gras repassé, et faire cette opération dès qu'on a fini d'enlever la belle pâte de savon blanc ; ayant en lui une forte chaleur, ce qui le rend, tant par son corps que par sa chaleur très-apte à se saisir de l'huile ou tout corps gras ; sa lessive étant très-douce, ainsi que son degré d'alcali, et avec une addition d'une vingtaine de cornues de lessive douce dite barille à 12 degrés, et remuer avec le rédable pendant quinze minutes environ, vos 20 millerolles d'huile mêlées avec le gras, se trouvent envisquées, empâtées sans avoir recours au détrempage ; et vous pouvez donc de suite procéder au rélargage comme d'usage, et vous vous trouvez au moins 60 millerolles d'huile converties en pâte dans l'espace de six heures ; c'est-à-dire, après le rélargage et lui avoir fait seulement un service avec feu, avec une lessive dite troisième.

Cette pâte se trouve en l'état aux deux tiers cuite ; et donc avec 60 millerolles que vous aviez en empâtage dans une autre chaudière, en empâtage vous formez donc vos 120 millerolles voulues pour une cuite de savon bleu pâle ou bleu vif, en réunissant bien entendu le tout dans une seule chaudière, bon feu, porte rouge.

Nous voilà donc arrivé aux savons bleus pâles, auxquels il faut, soit pour l'empâtage, les mêmes lessives suivant les qualités d'huile que comporte le chargement ; même détrempage comme pour les savons blancs, seulement vous devez appuyer un peu plus sur les sels aux chargements des barquieux, lesquels servent et vous procurent les lessives pour la coction, c'est-à-dire, que sur chaque barquieu que vous chargez vous devez toujours y faire une addition de 6 cabas de soude salée en hiver, 4 cabas en automne, 3 cabas au printemps et 2 cabas en été. Ceci est une règle générale, et vous devez toujours avoir en réserve un trou ou récipient de bou, marquant jusqu'à 35 degrés de lessive salée, laquelle est là au besoin à vous aider à vous donner du corps à votre pâte, et vous la grainer plus aisément, lui donnant un nerf convenable, et pouvoir supporter sa demi-liquéfaction, et la rendre propre en même temps à pouvoir s'emparer d'une partie de lessive faible, ce qui lui permet de vous donner un poids satisfaisant, ne le pouvant sans le moyen indiqué si vous le négligiez.

Il est urgent de vous dire que sur l'empâtage des 60 millerolles d'huile on y met, de suite après le premier détrempage, un kilogramme et demi de couperose, et ce, pour faire ressortir davantage le blanc ou le bleu ; et quand le gras n'existe pas dans un cuite dont nous venons de parler, on doit pousser la dose de ce poison, dit couperose, de 2 à 3 kilogrammes. Je ne puis m'empêcher de dire qu'on devrait prohiber cette matière en savonnerie, si l'on savait apprécier ses qualités nuisibles, sauf celle de vous procurer à l'œil un blanc plus intense, c'est-à-dire, les parties liquifiées vous faisant apparaître ces parties un peu plus blanches qu'elles ne le sont par le contraste du bleu, que procure ce poison violent. Je le répète, étant susceptible de vous faire casser un cuivre si un morceau s'y attachait ; il nuit considérablement au linge en se détachant au moment du blanchissage. Donc cette matière devrait être prohibée, je le répète, et ne plus rentrer dans la savonnerie, étant nuisible et sans utilité. En démontrant que pour les savons bleus pâles et bleus vifs, la lessive, elle seule, laquelle sert indispensablement à l'empâtage, détrempage et encore plus les les lessives aussi indispensables que l'on emploie pour la coction, étant plus concentrées en alcali, et les corps qui se resolvent plus ou moins des huiles ou tout corps gras, suffisent pour procurer au savon un bleu de ciel naturel, lequel n'est pas nuisible, et j'ajouterai encore que le fabricant qui fait du savon blanc, les gras qui restent des cuites de blancs que l'on passe aux cuites de bleus pâles et bleus vifs, lui procure un bleu encore plus foncé mais toujours naturel. Ainsi donc on pourrait et j'ose dire on devrait ne plus se servir de la couperose en savonnerie.

Maintenant nous voila arrivé aux savons bleus pâles. En suivant notre narration, nous avions dit que nous avions deux gras repassés que nous ont produit les savons blancs, dont sur l'un d'eux, nous y avons versé je suppose 20 millerolles d'huile épurée en lin ou non épurée, en vous faisant observer que l'on met d'habitude les 20 millerolles sur les gras, en choisissant toujours les huiles les plus faibles et les plus délicates à empâter et à subir les détrempages etc. Donc les autres qualités d'huile peuvent aussi se mettre plus facilement, demandant moins de peine et d'attention.

Admettons maintenant que nous soyons en hiver, il faut donc que nous fassions 1° l'énumération des corps gras dont nous nous servons pour ladite cuite simulée au savon bleu pâle dont il est question, et de laquelle nous mentionnerons à extinction, jusqu'à ce qu'elle soit rendue aux mises. J'admets donc que les autres 60 millerolles d'huile empâtées, et détrempées comme l'art l'exige, nous ayons je suppose en composition de ce chargement de 120 millerolles récapitulation faite :

1° deux gras évalués ensemble à 4,000 kilogrammes ou   40 millerolles

2° sur un de ces gras mis 20 millerolles d'huile de lin non épurée,   20   —

3° sur les 60 millerolles à l'empâtage en huile de ressence   20   —

4° sur les 60 millerolles fond des piles d'huiles diverses   20   —

5° sur les 60 millerolles d'huile d'olives (dites Var),   20   —

Vous forment bien un contingent de 120 millerolles

Donc cette pâte une fois toute réunie dans une seule chaudière, et ayant reçu son rélargage comme nous l'avons dit
pour les savons blancs, on doit s'occuper sans plus l'aban-
donner, et lui procurer sa coction voulue en lui faisant ses
services par intervalle, comme nous avons déjà dit c'est-à-
dire, quand la pâte a mangé ou dévoré en partie une quantité d'alcali desdits services successifs ; la servant en
principe et comme d'usage avec des lessives dites troisièmes
ensuite secondes, et après l'épuisement desdites, on finit par
se servir des lessives dites bonnes ou premières, jusqu'à ce
que la pâte arrive à sa parfaite saturation ou coction ; laquelle
exige un grain nourri, pâte sèche et ne pouvant plus manger des degrés en alcali, et ayant bonne odeur. Il faut vous
observer aussi qu'à cette pâte, avant que l'épinage ait fini,
on ne doit pas manquer de lui faire des resfrescades, et ce,
par service intercalé, d'un à l'autre au moins et par une
quantité de 15 à 20 cornues de lessive dite salé, par une
bonne lessive à la fin dite première, ce qui donne du ton à
la pâte et lui procure une bonne odeur, et la stimule à pouvoir se saisir encore plus avidement de quelques degrés
d'alcali des services qu'elle reçoit, et la rend plus tôt à même
de pouvoir subir l'effet de la marbrure ou demi-liquéfaction.
Vous savez que d'usage les services à coction se composent
de 80 cornues chaque, de trois pouadous chaque cornue, et
même davantage quand on le peut, et que les lessives vous
abondent ; ce qui vous devance votre pâte en coction, et vous
fait, par conséquent, gagner du ttemps.

Vous devez vous rappeler et ne pas oublier aussi qu'après
le rélargage et les deux autres services qui suivent, et malgré que votre feu agisse, ces deux services ne se font manger presque que par le moyen du rédable ; la pâte étant
jeune, et étant très-apte à dévorer facilement l'alcali desdits
premiers services, ne les laissant manger bien entendu

qu'en partie, et non en entier pour vous éviter de laisser
empoisonner votre pâte ; il en est de même pour les savons
blanc, l'ayant déjà dit une fois. Quant aux autres services,
les degrés étant plus forts et la pâte avançant donc en coction,
et en prenant plus en plus de la consistance, il est indispensable que le feu aide à la pâte par ses ébullitions à manger
ou dévorer une partie d'alcali desdits services. On ne doit
pas manquer aussi d'y passer à chaque service avant que
d'épiner et pendant son ébullition, la petite pelle et ensuite
après la longue pelle, pendant deux fois et à chaque service,
afin de pouvoir détacher, comme pour les savons blancs, la
pâte qui est attachée aux parois de la chaudière, et faire
tomber cette dite pâte bien sur le milieu de la chaudière au
moment de son ébullition, afin qu'elle prenne et s'empare
des degrés en alcali, et se trouve par conséquent uniforme
en degrés de coction comme toute l'autre pâte, et lui faire
aussi deux fois la barbe tant que la pâte le permet ; c'est-à-
dire avant que de lui renouveler le service, et avant que
d'épiner et durant son ébullition. Et dès que la pâte est
cuite, ce que l'on reconnaît, vu qu'elle ne mange plus. On
doit alors la bien faire paléger de nouveau, et se préparer à
lui donner sa marbrure ou demi-liquéfaction. Ainsi, que ce
soit de nuit ou de jour et n'importe l'heure, on doit de suite
se disposer 1° à préparer les mises qui doivent recevoir
ladite pâte ; c'est-à-dire, les balayer et y bâtir ses fauques
avec la pâte qui est en ébullition avec un mélange d'eau
pure pour pouvoir s'en servir, et une fois les mises préparées, ainsi qu'avec ses morceaux d'escoudens que l'on place
sur les maccarrons, en cas que la mise ne puisse pas recevoir toute la pâte, ce qui lui donne donc une hauteur de un
à deux pouces au plus. Observez que les trous des fauques
soient bien calfatés, ses chevilles bien placées, faisant
résistance, bien cognées avec des taquets ou morceaux de

bois ; et ayant adapté les bords en bois, bâtis sur les bords de ladite chaudière, lesquels bords en bois sont retenus, 1° par une forte corde ou cable, et en outre par une forte chaîne en fer tendue par son écrou à vis. Le contre-maître ayant alors une provision de lessives de plusieurs degrés différents en réserve, doit faire épiner, et dans l'intervalle que la chaudière épine, on doit placer les planches, lesquelles sont adaptées et liées par un contre-crochet en fer, et au-dessus desquelles on place la longue escabelette, les deux rédables des madreurs, leurs manoufles et un couffin de plâtre gris ; et dès que la chaudière a fait, c'est-à-dire, qu'elle a fini d'épiner, on doit de suite y monter dessus et lui donner sa marbrure, et de là, la couler aux mises.

Le contre-maître sait déjà par avance et par expérience, les lessives par lesquelles il doit commencer les premières passées pour donner la marbrure à la pâte. Elle s'appelle donc passée en rompant, et la lessive que l'on emploie pour cette dite passée en rompant, doit avoir toujours un degré de 16 à 18 au moins, afin que ladite lessive puisse descendre au fond de la chaudière ; laquelle sert et est indispensable aux madreurs et leur fait l'effet au mouvement de leurs rédables, d'une bascule ou aspiration d'une soupape de pompe, pour pouvoir travailler ladite pâte, et pouvoir lui procurer la marbrure ou demi-liquéfaction. Chaque ouvrier madreur prend deux cornues de lessive par reculée et deux cornues en retournant d'un bord de la chaudière à l'autre bord, formant en total, aux deux madreurs, vu qu'on fait six reculées, à chaque voyage 24 cornues pour chaque madreur en allant et retournant autant, vous font 48 cornues en tout, de 3 pouadous chaque, et votre passée en rompant se trouve terminée.

Maintenant vous prendriez en débutant une lessive à 24 degrés au lieu de 18 degrés, que cela ne vous empêcherait pas de lever votre cuite à souhait ; mais aux autres passées, vous devriez nécessairement vous réduire en degrés moindres que d'habitude pour corriger la passée en rompant, pour laquelle vos degrés avaient étés choisis trop forts. Ainsi quant aux autres passées à faire, c'est la composition des huiles et de la force ou du corps plus ou moins de votre pâte qui doit vous guider. Donc notre cuite simulée de 120 millerolles en totalité, et les qualités d'huile énoncées, je dois savoir par avance, à quelques degrés près, je tomberais au-dessous du matras quand ma cuite aura reçu sa demi-liquéfaction, ou soit sa marbrure voulue pour être coulée aux mises. Nous devons donc trouver à la lessive du matras de 18 à 19 degrés, vu la composition. Maintenant il est vrai que ce point n'est que conjectural, pouvant varier au plus de 2 degrés pour l'homme de l'art, et encore il faut à pareil écart, que les huiles aient en elles des vices que le contre-maître n'a pas pu reconnaître, ce qui n'échappe guère en les suivant s'il est vraiment savonnier, et ce, durant son empâtage, détrempage et la coction de ladite huile ; ces trois qualités préparatoires sont autant de ques-tions à poser, lesquelles peuvent influer à la levée de la cuite, eu égard à son corps et à sa condition de coction, influant beaucoup aussi à la levée des cuites ; partant par principe que si votre pâte n'est pas assez cuite, informe, et vous n'aurez pas le poids voulu en savon, et si par contre votre pâte est trop cuite, vous aurez beaucoup plus de tra-vail à faire, vous nécessitant beaucoup plus de passées, et par conséquent de lessive à employer, et vous serez forcé et réduit à lever avec un œillement plus petit, attendu qu'il faut calculer que cette pâte étant trop cuite, est nécessaire-ment forcée à s'emparer d'une plus grande quantité de les-sive faible pour pouvoir acquérir son point d'œillement voulu, et que par conséquent, ayant en elle une dose en lessive plus forte, elle est assujetie à ne pas pouvoir la supporter et á nous peter aux mises ; et si donc la pâte était à un point démesuré en coction, ce qu'on pourrait alors appeler brûlée, il serait impossible de la lever qu'en la laissant reposer ou tuméfier par des lessives faibles, et lui faire subir l'effet de la chaleur, ce qui lui ferait détacher une partie de sel et adoucirait donc la pâte, et la rendrait propre à acquérir une marbrure désirée et voulue.

Continuons notre opération, nous avons donc dit que nous avions pris 48 cornues de lessive de recuit froid à 18 degrés en rompant, et que notre lessive au matras marquant je suppose 30 degrés, chaud d'usage, quand on lève une cuite de savon bleu pàle pour la passée en rompant, on doit se servir de lessives ayant 16 degrés au moins et jusqu'à 20 degrés au plus, et que ces lessives soient toujours froides. Ces degrés suffisent pour que la lessive puisse se rendre au fond de la chaudière et aider les madreurs à pouvoir travailler la pâte ; et aux passées suivantes, vous devez toujours, d'une passée à l'autre, diminuer de degrés et arriver, par une marche lente, au but désiré, c'est-à-dire, à se procurer une marbrure voulue, sans surprendre votre pâte et ni trop la précipiter.

Les madreurs alors ont le temps par le moyen du rédable à travailler ladite pâte en tout sens, afin qu'elle puisse s'approprier d'une quantité de lessive faible et en tout que sa force le lui permet, ce qui ne manque pas de lui donner une marbrure régulière et un poids satisfaisant ; la seconde passée, qui èst censé la première, vu que celle en rompant ne se compte pas, vous devez vous servir d'une lessive de 15 degrés, ce qui est facile en mêlant votre recuit ou avance de 18 degrés ; vous mettez dans une cornue deux pouadous de lessive à 18 degrés et un pouadou d'eau des piles à 12 degrés, vous donne une lessive à 16 degrés ; mais en met-

tant un gros pouadou des eaux à 12 degrés, lequel pouadou
sert à la levée des cuites de blanc , contenant un litre ou
deux de plus que les autres , vous fait ressortir alors votre
lessive à 15 degrés. Au reste, il est facile de s'en convaincre en remuant le mélange et peser de suite la lessive avec
le pèse-lessive , vous marchez sûrement ; en comptant la
passée en rompant, nous ferons donc cette seconde passée à
15 degrés, et chaque ouvrier madreur prend ses deux cornues par reculée, ce qui fait 4 cornues; donc 6 reculées
font 24 cornues, et en retournant, prenant encore la même
quantité pour finir ladite passée, font en tout 48 cornues à
15 degrés , soit 720 degrés comme le tableau ci-après vous
l'expliquera et en fera mention.

Je ne cesserai de recommander au contre-maître de bien
veiller aux madreurs, de bien détacher avec leurs rédables ,
la pâte qui se trouve contre le mur ou paroi de la chaudière,
et de tirer toujours par un coup allongé et brusque et sec
ledit rédable en sortant de la pâte, tirer aussi bien du fond,
afin que la lessive monte et jaillisse à la superficie de la
chaudière, ce qui nécessairement procurera à la pâte un
mélange régulier, et se trouve travaillée en totalité ; ce qui
n'aurait pas lieu si les madreurs ne suivaient pas ce principe indispensable, pour pouvoir obtenir une jolie mabrure,
c'est-à-dire, régulière. La troisième passée doit se faire, et
ne prendre en totalité que 36 cornues de lessives à 14 degrés ;
on prend alors 2 pouadous lessive , d'eau des piles à 12
degrés et un pouadou de lessives à 18 degrés, ce qui vous
donne ensemble une lessive à 14 degrés. Ces trois cornues
doivent être distribuées sur le manche des madreurs, à
valeur égale comme d'usage, et ne jamais perdre de vue les
madreurs, ainsi que les distributeurs de lessives, pour qu'ils
ne se trompent pas de lessive en prenant ou changeant de
récipient , par inadvertance , ce qui accélère l'opération.

Arrivé à ce point , quoique vous ayez épiné , avant que d'y monter dessus, son dernier service de 80 cornues au moins, et que votre bord en bois vous donne un revanche de 120 cornues environ , il vous convient de faire épiner à ladite chaudière un malon , attendu qu'à l'autre passée vous y seriez forcé , vu que les madreurs , malgré leurs manoufles en toile et le plâtre dont ils se servent pour éviter la lessive qu'ils font monter du fond de la chaudière , laquelle a une chaleur très-forte et un degré de 24 y compris le sel qui se détache en partie de la pâte durant ce peu d'opération ; les madreurs ne pourraient plus agir par la trop grande abondance de lessive, ne pouvant plus atteindre le fond avec leurs rédables.

Il est donc de toute nécessité d'épiner un malon , ce qui équivaut à 80 cornues de lessives , à moins d'avoir une grande cuve en bois , qui vous servirait d'entrepôt, en se débarrassant d'une partie de pâte pour pouvoir continuer la levée de la cuite.

J'approuverai ce mode ou système sous le rapport que la pâte, conservant toujours ces mêmes lessives , devrait être plus propre et plus apte à pouvoir obtenir un peu plus de poids qu'en épinant ; mais en calculant l'embarras que cela vous donne, d'entreposer une partie de la pâte dans une ou deux de ces cuves en bois , étant forcément obligé de mettre sur la superficie de ce volume de pâte, de l'eau pure, pour éviter la congélation subite de ladite pâte, ce qui donne premièrement une main-d'œuvre de plus, un retard qui peut nuire au restant de la pâte à lever ; tout calcul fait il vaudrait mieux suivre le système de lever les cuites sans épiner, il faudrait alors avoir recours au moyen de lever la cuite en deux chaudières ou autrement dit en demi-cuites. Mais ici se présentent encore des inconvénients , l'opération devient double il vous faut deux chaudières au lieu d'une, par conséquent deux feux ou deux fourneaux à alimenter , donc dépense double en charbon et en main-d'œuvre , et un retard précieux pour la manutention quotidienne, et durant l'année, compte fait, vous donne une forte augmentation et vous prive de hâter et même j'oserai dire de pouvoir vous faire lever une cuite de moins par semaine avec le même équipage , et vous mettre dans des cas ou évènements majeurs et imprévus, pertes majeures soit en pâte, non compris ses suites fâcheuses. Il est donc plus simple de suivre l'ancien système, c'est-à-dire, d'épiner votre chaudière lorsque la lessive vous embarrasse, et dans le temps que la chaudière épine , les ouvriers madreurs se reposent un peu et prennent haleine, et une fois la place faite par ledit épinage, ils peuvent reprendre leur travail qui est dur et pénible à supporter, n'étant permis qu'à des gens bien constitués, agiles et qui puissent continuer et résister pendant six heures consécutives pour achever et arriver à la fin de la levée de ladite cuite.

Revenons à notre troisième passée comprenant celle en rompant, et en ajoutant la lessive du matras et calculant le tout ensemble , donc les 416 cornues de lessives et 2508 degrés d'alcali , vous devriez trouver en total à la lessive du matras, en épinant, un degré à 17 et 26 centièmes de degrès, mais pas du tout, vous trouverez un degré au matras qui dépassera 21 degrés, et ce, par la canse d'une partie de sel qui se détache de la pâte durant l'espace dudit madrage.

Continuons donc notre levée de cuite de bleu pâle, une fois que nous nous sommes faits de la place par le moyen de l'épinage, nous devons faire une quatrième passée à 12 degrés d'eau des piles seules, ou ce qui vaut mieux encore, en prenant 2 pouadous d'eau des piles à 12 degrés et 1 pouadou recuit ou avance à 18 degrés , ce qui vous donne ensemble un degré de 11 environ, et opérer toujours de la même manière indiquée, en ayant soin de toujours alimenter votre fourneau par un feu très-modéré, afin de toujours entretenir une chaleur convenable à votre pâte ; pour cette quatrième passée les madreurs prenant alors une cornue chacun, ce qui fait 12 cornues pour les 6 reculées, et 12 cornues en retournant, nous donne un total de 24 cornues à 11 degrés et nous font 264 degrés.

Maintenant il nous convient de faire la cinquième passée de 18 cornues à 9 degrés. Il faut dire que, règle générale, lorsqu'on approche de la fin de la levée de la cuite, on doit prendre moins de lessive et diminuer vos degrés, et la pâte s'approchant d'avoir pris presque tout son humide pour lui procurer sa demi-liquéfaction, vous vous exposeriez à casser votre grain à votre pâte si vous vous permettiez d'en user abondamment ; et alors votre seul remède serait de recourir aux lessives concentrées le cas échéant. Mais c'èst ce qu'il faut éviter autant que possible, et la raison est bien simple, si vous rompez le nerf à n'importe quelle pâte il est plus qu'assuré que, quoique vous y remédiez, vous devez nécessairement ne pouvoir plus obtenir le même poids que si vous arrivez au même but sans enfreindre cette limite. Je citerai par comparaison, de rendre malade un homme robuste, et le relever après par un traitement ; il ne sera plus le même homme ! Donc notre cinquième passée de 18 cornues à 9 degrés, en mettant dans la même cornue 2 pouadous d'eau des piles à 7 degrés, et un demi-pouadou avance à 18 degrés, vous formera un degré de 9 et vous réduira votre quantité de cornues à 15, vu qu'à chaque cornue il rentre un demi-pouadou en moins ; donc le sixième de 18 est 3, vous fera un contingent de 15 cornues à 9 degrés, ou 135 degrés. Vous devez toujours jeter la lessive sur le manche du rédable, et en donnant la moitié à chaque madreur à proportion égale de ladite lessive, durant toute la passée, et ce, à chaque reculée, soit en allant ou en retournant ; et bien observer la pâte sur le derrière des madreurs, à laquelle on aperçoit des crevasses par où la lessive luit et tient toujours sans disparaître. Agissant donc différemment qu'aux premières passées, dont les crevasses apparaissent et disparaissent de suite, ce que l'on appelle en terme de l'art, le faux loup ; votre pâe, à cette cinquième passée, paraît brillante, vous apercevez des gouttes de lessives à petites distances disséminées, ne perdant pas leur luisant, ce qui vous indique que vous êtes sur le point voulu de votre cuite.

Autre preuve, encore pour vous convaincre si votre œillement tiendra aux mises : on presse, au derrière des madreurs, avec la main, par le moyen de vos quatre doigts, à une profondeur d'un pouce seulement, pour éviter de vous brûler, et de suite vous apercevrez la lessive ressemblant à de l'huile pure, cette lessive ne disparaît plus si votre pâte a pris une quantité de lessive suffisante pour pouvoir lui procurer sa marbrure voulue.

Autre indice : on prend de la pâte avec la truelle, en saisissant la pâte que fait monter le rédable, en avertissant le madreur par avance de ne pas donner son coup brusque, et ce peu de pâte que vous prenez, si vous vous trouvez en plein jour, on le laisse retomber avec la truelle dans la chaudière, en se plaçant de manière à pouvoir la regarder à travers le jour, et là on aperçoit à ladite pâte, la marbrure que les lessives lui ont procuré en s'en imbibant ; si c'est pendant la nuit que la levée de la cuite a lieu, on prend un calen allumé et on laisse tomber doucement avec la truelle ladite pâte, et en regardant à travers la lumière du calen ; vous apercevrez aussi la marbrure que la pâte a prise.

Autre indice : vous pouvez faire aussi un petit pâté de ladite pâte sur le bord d'une chaudière et dans dix minutes

au plus , vous ciselez un morceau de cette pâte et la regar-
au transparent du jour , et étant coupée bien mince vous
apercevrez la marbrure , et si c'est dans la nuit vous vous
servirez de la lumière que produit le calen. Ainsi par le
moyen de quelques petits pâtés et en ayant soin , comme je
l'ai déjà dit, de prendre une partie de la pâte que fait monter le madreur du fond de la chaudière , en saisissant le
moment où monte cette pâte, et en formant un petit pâté, et
une fois refroidi , le ciseler de l'épaisseur d'une feuille de
papier , vous apercevez en petit la marbrure qu'a acquis la
pâte ; et pour petite qu'apparaisse la marbrure vu la petite
quantité de pâte qui accélère un prompt refroidissement ,
tant par l'effet de sa dimension , comme de son exposition
citée, elle doit néanmoins servir de guide pour vous décider
à la mettre soute ou aux mises, ou non ; soit de suite ou un
peu plus tard. On y met alors de 7 à 8 cornues de lessives à
12 degrés, si vous jugez ou craignez que votre marbrure ne
soit pas assez grande ; ou bien de quelques cornues avances
de 18 à 20 degrés, si vous la jugiez trop grande ; en vous
observant qu'il vaut mieux prendre ces cornues quand la
pâte est encore dans la chaudière , c'est-à-dire, avant que
de mettre soute, que de mettre cette quantité de lessive dans
l'intervalle que la pâte coule dans les mises.

Admettons donc que vous ayez pris encore 12 cornues
d'eau des piles à 8 degrés , la pâte pouvant s'en emparer
sans danger , cela fera notre sixième passée de 12 cornues
de lessives à 8 degrés, et la distribution aux madreurs par
demi-cornue à chacun, ce qui vous fait 6 cornues en allant ,
et 6 cornues en reculant, font vos 12 cornues.

Maintenant comptons toutes les lessives mises durant
l'opération de la levée de ladite cuite bleu pâle, y compris
celle du matras ; au cuivre nous en trouvons 197 cornues,
donnant en totalité 3003 degrés , divisés par le nombre de

cornues 197, vous donne une lessive au matras de 15 degrés
et 24 centièmes de degré , 3 degrés de sel détaché que lesdites passées ont fait tomber au fond ; vous trouvez donc 18
degrés et 24 centièmes de degrés. Votre cuite après ce travail devrait être et avoir sa marbrure voulue. Mais admettez
qu'elle ne le soit pas , soit par un peu trop de coction , ou
provenant de la pâte se trouvant un peu plus salée qu'il ne
faudrait , ce qui arrive; vous devez alors faire épiner tout
simplement une quantité de lessive suffisante pour pouvoir
recevoir la nouvelle, et afin que les madreurs puissent arriver jusqu'au fond de la chaudière avec leurs rédables , et
pouvoir puiser la lessive du fond en la faisant remonter jusqu'à la superficie de la chaudière , ce qui vous permet de
pouvoir travailler la pâte ; laquelle reçoit et s'empare en
tout sens de toutes les parties de lessives faibles , qui lui
donnent une marbrure régulière et jolie.

La préférable est appelée amandier fleuri, comparant
donc un échantillon de savon à un brin d'amandier, comparant sa fleur à la marbrure ou partie bleue du savon dont la
lessive faible à dévoré la partie, et le vide à l'autre partie de
la pâte bleu de ciel non tuméfiée. Votre pâte étant prête, et
ayant déjà, par avance, tous vos canaux en bois , et bancs,
et plateaux préparés , vous devez de suite les joindre l'un à
l'autre, et lui procurant une pente la moins sensible, et en
ayant soin de placer la canal qui tombe dans la mise à ce que
la pâte tombe toujours bien au milieu de la mise, afin que
la pâte arrive aux quatre extrémités en même temps ; ce qui
vous permet de pouvoir juger de suite , si votre cuite est
levée à propos; voyant la lessive demeurer sur la pâte, vous
faisant l'effet comme si quelqu'un s'était appliqué à répan-
dre de l'huile sur ladite pâte. Par cette lessive luisante vous
apercevez aussi des formes de petits sillons par où s'adaptent
des filaments ou fils de pâte ainsi que contre les murs, tous

ces signes et indices vous prouvent et vous assurent le bon état de votre pâte ; et alors vous continuez à laisser remplir votre première mise, commençant toujours par la plus reculée ou celle du fond, ; vu qu'une fois que cette mise se trouve pleine, on n'a qu'à enlever une ou demie canal, et la suivante de canal se trouve placée pour recevoir le restant de votre pâte, en contenant chacune une moitié de la cuite.

Il faut vous observer aussi qu'on doit placer une grille en fer dans une des canaux en mettant soute, à laquelle grille on place un ouvrier armé d'une truelle, et dès l'instant qu'une filasse ou copeau de bois s'y attache, l'ouvrier doit l'enlever de suite, de même qu'un morceau de pâte qui aurait échappé à l'action du rédable, si on ne l'enlevait pas vous occasionnerait une tache, ce qui est très-défectueux au savon, et la filasse ou copeau, contrarie le coupeur de savon lorsqu'il y passe le gros et le petit couteau, et rencontré ces objets, dégradant nécessairement le pain de savon où ils se trouvent.

Maintenant admettons que quand la pâte a atteint les quatre extrémités de ladite mise, vous vous aperceviez d'un œillement trop abondant, ce qui vous empêcherait d'obtenir une marbrure grainée, une ou deux cornues de lessives dites avances de 18 à 20 degrés, ou troisièmes lessives à 22, et même une lessive dite seconde de 24 à 25 degrés, que vous ajouteriez en les versant sur le rédable des madreurs, et de suite ; lesquels ne cessent de madrer et attirer avec leurs rédables de la lessive du fond de la chaudière pendant tout le temps que les leveurs de cuite, puisent avec leurs pouadous la pâte qu'ils déposent dans la canal pour remplir la première mise ; et si le cas pressait, on devrait verser ladite quantité de lessive ci-dessus énoncée, dans les canaux, ou bien, en arrosant dans la mise même. Mais c'est toujours un mauvais travail, attendu que la partie de la pâte qui reçoit cette lessive, lui procure nécessairement une marbrure plus petite que l'autre partie de la pâte qui, n'en recevant pas, ne peut se ressentir de cette pareille influence, et a donc une marbrure plus grande ; ce qui fait que votre savon en entier, ne peut pas présenter une marbrure régulière. Mais cependant, quand le cas l'exige, plutôt que de courir le risque que la pâte vous pète aux mises, on doit y avoir recours, et si par contraire, vous vous aperceviez d'un œillement trop petit à même circonstance, vous devez avoir recours à une, deux ou trois cornues de lessives faibles de 3 à 5 degrés au plus, suivant l'apparence de votre pâte dès qu'elle a atteint les quatre murs de la mise ; et procéder toujous de la même manière, et une fois votre première mise pleine jusqu'à découvert même des maccarrons, vu qu'au-dessus on y place des escoudens d'un pouce ou deux environ, afin que la mise soit bien pleine, ce qui vous assure de pouvoir placer toute l'autre partie de pâte dans la seconde mise, sans avoir recours à une saignée par le moyen de la broque, lui laissant épiner une quantité de sa lessive approximative ou égale à la quantité de pâte qui vous reste daus la chaudière, laquelle trouve par ce moyen une place pour pouvoir s'y loger.

Je dois vous observer qu'avant d'ordonner de mettre soute pour remplir la seconde mise, et quoique l'œillement de la pâte de la première mise vous ait satisfait en œillement et en tout, on doit néanmoins faire une demi-passée et prendre encore quelques cornues de lessives de 5 à 7 degrés, ce qui vous donnera une pâte uniforme pour toute la cuite ; vu que la pâte du fond de la chaudière n'a pu être travaillée autant que celle du dessus, et qu'ensuite étant plus rapprochée de la lessive qui se trouve au fond, ayant un degré toujours plus fort, et les leveurs de cuite, surtout à la fin de ladite pâte, prennent forcément plus de lessive faible que l'on en a mis par la demi-passée avant que de mettre soute, corrigent nécessairement celle quantité lessives du fond, et vous rend par conséquent, une pâte et un savon ayant une marbrure égale. Sans celle opération le courtier ou consommaeur, croirait que vous lui auriez livré un savon d'une autre cuite que celle de la première mise levée ; et si par contre, vous craigniez à la première mise levée, que votre œillement vous parût un peu trop abondant, vous y feriez toujours une passée en rompant sans prendre aucune lessive, ce qui est indispensable pour rompre la croûte du dessus, et lui remetttre une chaleur qu'elle a perdu dans le peu de ralentissement que l'on met pour changer le canal et le placer dans la seconde mise quand elle n'y tombe pas d'elle-même.

Dès l'instant que la première ou seconde mise, par sa position, se trouve pleine, un ouvrier doit de suite, par le moyen d'une pelle en bois, battre le dessus ou superficie de la pâte de chaque mise, et la bien aplanir afin que votre croûle ne soit pas si rude, ce qui vous évite un déchet de moins de pâte en rebondant vos mises, avant que de la couper avec le petit couteau, et ensuite le gros couteau ; mais ce dernier ne doit faire son office qu'après avoir sondé le milieu de la mise, et s'être assuré que la lessive de ladite mise, monte claire du fond.

Vous trouverez ci-contre le tableau vous donnant le nombre des cornues de lessives et leurs degrés ensemble, plus le sel détaché qu'abandonne la pâte pendant la durée de sa levée recevant sa demi-liquéfaction ou sa marbrure :

Après l'épinage au matras 14 cornues à 30 degrés — 420 degrés

1re passée en rompant	48	id.	18	»	—864 »
2me id. ou 1re	48	id.	15	»	—720 »
3me id.	36	id.	14	»	—504 »
4me id.	24	id.	11	»	—264 »
5me id.	15	id.	9	»	—135 »
6me id.	12	id.	8	»	— 96 »

6 passées.   197 cornues.   degrés 3003 | 197

Donc en divisant les 3003 par le nombre des   1033   15,24
cornues 197, vous trouverez un produit total   .480

de 15 degrés 24 centièmes de degré, et en y   .860   2,76
ajoutant 02/18 degré— 2 degrés 76 centièmes   .72
de degré de sel détaché, vous aurez.   1,800

Vous devez trouver au matras en mettant soute 18 ni guère plus ou moins, ne variant pas plus en réalité de notre compte simulé.

Maintenant une fois notre pâte aux mises, on doit s'aviser si par la fauque en bois il n'y aurait pas une perte de lessive et même un suintement, à ce que l'on devrait de suite rémédier en calfatant la partie vicieuse avec de l'étoupe goudronnée et une tiblèe de plâtre ; et dès que cette pâte, n'importe la première ou la seconde, peut supporter un homme soit en hiver on en été, nous devez recommander au coupeur de savon, de la rébonder par le moyen du raclet ; ensuite la balayer et la tracer soit en pains de 5 ou 6 lauves, suivant la vente ou les expéditions ou dimensions de caisses diverses commandées, c'est-à-dire, à livrer. Une fois tracée et balayée, le coupeur ou coupaïré, par le moyen de sa règle, son équerre et ses poinçons, trace lesdites mises en suivant les ordres que lui a donnés le contre-maître ; une fois tracée, on y passe le petit couteau, toujours que la pâte puisse vous

supporter, et après qu'on y a passé le petit couteau, on y
passe le grand couteau. Mais avant que de faire cette opération le contre-maître ou coupaïré doit s'assurer si la pâte
peut résister à cette opération ; attendu que la pâte qui se
trouve au-dessus supporte facilement l'action du petit couteau parce qu'elle éprouve un refroidissement plus subit que
la partie de la pâte qui se trouvent au-dessous ou fond de la
mise, conservant plus longtemps naturellement sa chaleur.
On doit alors, avant que de passer le grand couteau, s'assu-
.er avec ce même instrument, et sonder la pâte : 1° au bord
des maccarrons des mises et ensuite au milieu, on plonge
donc le grand couteau jusqu'au fond de la mise, et on le
retire vivement en dehors, au-dessus de la pâte à sa superficie, et si la lessive qui monte au-dessus, en faisant cet essai,
se trouve claire, on peut sans crainte la couper ; mais si par
contraire, la lessive montait broyée, et vous aperceviez une
espèce de limon ou laitage, on devrait alors la laisser impérieusement ; à moins de vouloir s'exposer à abîmer la pâte.

Il arrive souvent qu'on pourra couper une partie de la pâte
aux mises, et que vers le milieu elle ne soit pas prête à
pouvoir supporter la même opération, vu que le milieu de la
pâte qui se trouve dans la mise demande un laps de temps
plus long que la pâte qui se trouve aux extrémités des maccarrons.

On doit alors s'abstenir de couper la pâte en entier, s'ar-
rêter et attendre que la lessive monte claire du fond pour
pouvoir terminer ladite coupe de pâte aux mises. Je dois
vous observer aussi, que le coupaïré, doit avoir tous les
soins possibles et ménager la pâte en conduisant son couteau,
d'abord le guider d'une manière bien directe pour bien suivre la ligne qu'il a tracée, et que les hommes qui tirent le
grand couteau par le moyen de la chaîne en fer, obéissent au
commandement du coupaïré ; ce dernier doit aussi ménager

la pâte, sans porter tout son corps sur le grand couteau, son pied droit et ses deux mains suffisent pour guider en coupant à suivre la ligne qu'il a tracée, surtout lorsqu'il s'agit de couper en travers pour former les pains, et pouvoir les diviser. Il doit bien faire attention de porter ou poser son pied gauche, toujours sur deux pains, qui peuvent résister davantage que si vous placiez votre pied sur un seul pain, ce qui pourrait vous arriver à vous affaisser une partie de la pâte du pain qui touche le sol de la mise.

Dès qu'une mise est coupée, on doit de suite l'arroser de 7 à 8 cornues de lessives dites recuits froids ; cette lessive lève une partie du mordant ou feu que lui procure le fil ou acier du couteau, aide aussi à la pâte à se refroidir et ainsi qu'aux pains à rester détachés et ne pas s'unir ; si on n'avait pas le soin encore de placer une planche portant sur les deux extrémités des maccarrons, et le coupaïré passant sur cette planche, avec l'autre pied, fait danser et détacher très-délicatement les pains les uns des autres ; ces 7 ou 8 cornues de lessives doivent êtres répandues en les versant d'une extrémité à l'autre en long, et la même quantité en large et de la même manière de la mise, afin que chaque ligne ou raie, et chaque pain reçoive l'effet de cedit recuit froid, ce qui accélère la pâte à son refroidissement, lui sert à détacher les pains les uns des autres, et lui procure un aliment qui la porte à prendre un poids de plus en savon.

Le lendemain de la coupe, si l'on voit que les pains ont pris de la consistance ; alors on peut les faire danser en y passant dessus ; mais en ayant soin, toujours par précaution, de poser n'importe le pied droit ou le pied gauche, à ce qu'il soit toujours placé sur deux pains, c'est-à-dire, en plaçant toujours vos pieds sur le milieu des lignes tracées, lesquelles ont servi à couper les pains. Vous devez donc suivre forcément cette règle, si vous voulez éviter d'écorner

vos têtes de pains, sinon, vous vous exposeriez à affaiblir la
pâte desdits pains, étant jeune. On ne doit pas non plus
négliger de faire danser les pains de chaque mise une ou
deux fois par jour au moins, et d'y mettre quelques cornues
de lessives dites recuits froids ou avances, ce qui vous procure du poids à la pâte, et lui fait pousser après la coupe à
l'eyssugant un plus joli manteau, et plus promptement que si
vous la négligiez. Il est prouvé qu'un savon plus il mise,
c'est-à-dire, que plus il reste en mise, et plus il prend du
poids, de l'éclat, et plus vite, et plus joli son manteau lui
pousse après la coupe à l'eyssugant ; mais cependant, quand
la marchandise vous presse, et que vos ventes à livrer doivent s'exécuter ou expédier, vous devez toujours vous baser
à les laisser en mise au moins un mois de temps ; et le fabricant au lieu d'y perdre y gagne.

Maintenant admettons que ce savon ait misé un mois de
temps, et vous fussiez obligé d'en faire livraison ; voici comment on doit s'en prendre. La veille on doit saigner la mise
qui fait face au vestibule, où se trouvent les trous de recuits,
et on laisse écouler toute la lessive, et une fois la lessive
écoulée, on y fait tomber la fauque que l'on enlève, et avec
la grande pelle en fer à spatule, on détache les paims les
uns des autres et on les fait courir dans le vestibule qui fait
face aux mises, où se trouvent les récipients des recuits des
mises ; et dès que la mise qui fait face au corridor se trouve
débarrassée, on déblaye bien ladite mise, et on saigne alors
l'autre mise qui a été la première remplie en mettant soute,
et on y fait la même opération ; et une fois que toute sa lessive s'est écoulée, on détache encore les pains en les faisant
passer dans la première mise que l'on a écoulée la première,
et on laisse bien écouler vos pains pendant 3 ou 4 heures
au moins. Se trouvant alors plus faciles pour les manier,
pour les charger et les porter à l'eyssugant ; on les laisse sou-

vent toute la nuit entière en cet état, mais le lendemain on
monte les pains à l'eyssugant et une fois rendus on s'occupe à
les couper, devant, bien entendu, encaisser le surlendemain
à l'eyssugant. Trois ou quatre ouvriers suffisent, on balaye les
pains, ou les râcle et on leur coupe avec le zibàu le dessus
et le dessous s'ils le méritent. Ensuite le ou les refendeurs
les refendent, en employant les dents suivant l'encaissement
que l'on a à faire, et après le coupeur avec la tirette, comme
le font les refondeurs, et se servant en outre des moules en
bois, coupe les barres suivant la commande, et les entasse
au fur et à mesure sur le sol de l'eyssugant, en les faisant
porter contre le mur ; et une fois toute la cuite coupée, on
se débarrasse des débris que l'on met dans un mison, on
passe le raclet sur le sol de l'yssugant, et après on le balaye.
On ne doit pas aussi oublier de couvrir avec des toiles toutes
les barres, ce qui fait que le savon ne perd pas autant de
poids, et lui fait pousser un plus joli manteau que si on le
laissait exposé au grand air ; et le lendemain, les emballeurs
viennent encaisser ou emballer ledit savon. Ceci est l'ancien
système ! Maintenant voici le nouveau.

Quand on a saigné les deux mises et qu'elles sont bien
écoulées, on descend les tables de l'eyssugant, et on coupe
lesdits pains de savon bleu pâle aux mises mêmes, et on
dépose les barres de savon dans la mise faisant face au corridor du plan ou sol des mises. On bâtit la fauque de ladite
mise où on a déposé lesdites barres, et on y introduit, jusqu'à immersion entière, par le moyen d'une canal en bois,
des lessives dites avances, et on laisse lesdites barres dans
cet état pendant 5 ou 6 jours ; ce qui leur procure un poids
de plus, et après on les fait monter par les ouvriers au
moyen de bardelettes en bois, suspendues au cou, leur tombant sur le devant, étant armés de leurs manoufles. Ceci est
pour la saison d'hiver, et en été on suit le même mode ou

système; seulement, que la lessive doit être un peu plus concentrée, laissant tremper les barres dans une lessive dite troisième et quelque fois seconde.

Vous savez déjà que plus un savon mise et plus il acquiert de poids. Cette opération ne date que depuis 1841, et c'est M. Marius Bonnefoy, habile savonnier, étant associé à cette époque avec Monsieur Guérin, qui en a fait l'expérience.

Il arrive que le savon ayant une jolie marbruré, beau manteau, se trouve plus ou moins percillée; donc cette partie se trouvant généralement au ventre du pain de savon, n'étant pas de recette pour l'encaissage ou l'expédition; on doit forcément sacrifier une ou deux lauves, malgré que ladite partie de savon, soit aussi bonne pour le consommateur que la partie non percillée. Mais le magasinier, ou entrepositaire, la rebuterait dans la crainte que la clientelle, n'ayant aucune notion sur ce vice, pût s'imaginer que ce savon a été manqué, et que ce serait onéreux pour eux de s'en servir.

Eh! bien, il faut que je vous dise d'où provient ce percillement des savons bleus pâles et vifs; se trouvant toujours au ventre du pain, l'ayant déjà dit, attendu que la pâte dans les mises, conserve une chaleur plus forte et de plus longue durée au ventre desdits pains ou de la pâte qu'aux têtes; ainsi qu'au bas de la pâte ou desdits pains. On ne peut disconvenir que cela aide et influe au développement du percillage, surtout à la partie indiquée.

Mais permettez-moi de vous observer, que ce qui contribue le plus audit inconvénient du percillage, c'est la composition des barquieux, lorsqu'on se trouve trop chargé en sel ou salé. Et cela, en quelle saison que ce soit, et n'importe la composition en huile que comporte le chargement de la cuite.

Donc en suivant mon système déjà énoncé, concernant la

quantité de salé que vous devez mettre à chaque barquieu neuf que l'on charge, ses lessives servant, comme vous le savez pour la coction de la pâte, et que c'est durant cet exercice, que la pâte reçoit l'influence, plus ou moins, du salé dont les lessives sont chargées. Vous ne devez pas oublier, comme il a été dit, de consulter 1° la saison dans laquelle vous chargez vos barquieux, 2° de se rappeler que plus une huile a de corps, et moins elle demande de sel ; et par contre, moins elle a du corps, plus elle réclame de salé ; mais sans cependant, dépasser les limites. La pâte vous guidant elle-même par son grain, durant la coction ; et vous pouvez être assuré, qu'en suivant strictement cette règle, vos pains peuvent se trouver attaqués d'un percillement, mais bien petit, et bien rarement.

Maintenant je suppose avoir une cuite simulée, se composant en totalité de 110 millerolless, bien entendu à être levée en hiver, avec une composition ci-dessous en chargement.

2 futailles d'huile d'olive de 10 millerolles l'une   20 mil.

Saindoux belle qualité	40 —	40 —
Lin non épuré	40 —	40 —
Ressence	10 —	10 —

Vous forment donc un chargement de 110 mil.

J'admets qu'en levant ladite cuite j'épine ou non, soit en retombant une partie de la pâte dans une ou deux grandes cuves en bois, ou la levant en deux chaudières. Je suis sûr que pour avoir une coction propre pour cedit chargement qu'avant de monter sur la chaudière ; le matras marque 31 degrés chaud, et quand je mettrai cette pâte aux mises, ma lessive ne devra aller que de 15 à 16 degrés ; si je veux obtenir un poids voulu et une marbrure régulière, désirée et satisfaisante, d'après le corps desdits corps gras ; et si, par exemple , j'avais 20 millerolles d'huile d'olives de plus, en réduisant donc 20 millerolles d'huile de lin, à mon matras, au moment de mettre soute, ma lessive aurait un degré de moins de chaud. Mais laissons la composition telle que nous l'avons énoncée, et que vous leviez la cuite d'après le tableau ci-derrière, ou n'enlevant pas de la pâte pour vous faire de la place ; vous serez forcé d'épiner, à moins que vous leviez en deux chaudières.

Mais nous supposons qu'en travaillant ladite pâte, nous épinerons quand le besoin le réclamera ; vous trouverez au matras, quand votre cuite sera prête à mettre soute, une lessive marquant de 15 à 16 degrés chaude quand vous mettrez soute. Maintenant calculez, après votre troisième passée, y compris les 14 cornues de lessives à 31 degrés du matras, d'après le tableau ci-derrière ; vous trouverez donc 258 cornues, vous donnant un degré total de 2,786 degrés à diviser par 158 , nombre des cornues que vous avez employé en travaillaut votre pâte. Vous ne devriez trouver en matras qu'un degré de 17 et 60 centièmes de degrés ; mais comme la pâte a abandonné une partie de son sel, en pesant vous trouverez un degré de 21 chaud au matras. Donc c'est de 3 degrés et 40 centièmes de degrés, que votre pâte s'est dessaisie ; et c'est ce qui vous arrivera encore à la fin de la levée de ladite cuite, comme pour toute les autres, malgré que vous épiniez ; en vous observant de n'épiner que quand votre chaudière sera trop pleine, et alors vous devez forcément et nécessairement épiner une quantité de lessive plutôt plus que moins, de la quantité de cornues en lessives dont vous jugez à utiliser pour la passée suivante, ainsi de suite ; et avoir soin toujours de lui entretenir un feu modéré, et dans l'intervalle que la chaudière épine , les madreurs ainsi que les autres ouvriers , ont le temps de prendre un peu haleine ; ce repos leur étant, j'ose dire, presque indispensable.

D'après le tableau ci-contre, j'aurai donc employé 308 cornues de lessives à des degrés différents, et y compris la lessive du matras , me donnant un total de 3,908 degrés à diviser par les 308 cornues, me donnerait au matras un degré à 12 et 68 centièmes de degré , et cependant je dois trouver à la lessive qui découle du matras , à l'œillement désiré pour la levée de la cuite, de 15 à 16 degrés à mon pèse-lessive ; et encore malgré que j'aie épiné à plusieurs reprises de 100 à 120 cornues ; mettons les degrés à 16 l'un dans l'autre, ce qui m'enlève de 1,600 à 1,920 degrés, à la vérité, aussi une différence de 100 à 120 cornues de lessives en moins des 308. Ainsi donc , les degrés que je trouve en plus , proviennent des sels qui se détachent de la pâte comme nous l'avons déjà dit.

Maintenant admettons que vous ayez épiné 100 cornues à 16 degrés, à différentes reprises ; vous auriez donc une différence de 1,600 degrés , à déduire des 3,908. Vous n'auriez donc plus que 2,308 degrés, et prélevant, comme il est juste, les 100 cornues des 308 ; il ne vous resterait donc plus que 208. Et suivant toujours le même règle indiquée , vous ne trouveriez au matras que 11 degrés d'alcali à la lessive. Mais comme ces 100 cornues ont été épinées à plusieurs reprises, et que la pâte abandonne elle-même une partie de sel durant l'action du madrage ; ce sel qu'elle avait acquis par la coction , vous fera trouver nécessairement une différence de 5 à 6 degrés en plus que vous donnne votre division.

Matras lessive chaude 14 cornues à 31 degrés — 434 degrés
1re passée en rompant   48   id.   18   »   — 864   »
  2e   id.   48   id.   16   »   — 768   »
  3e   id.   48   id.   15   »   — 720   »
  4e   id.   48   id.   12   r   — 576   »
  5e   id.   36   id.   6   »   — 216   »
  6e   id.   24   id.   5   »   — 120   »
  7e   id.   24   id.   5   »   — 120   »
  8e   id.   18   id.   5   »   — 90   »

J'ai donc 308 cornues à recevoir à part égales les 3908 degrés.

$$\begin{array}{r|l} 3908 & 308 \\ \hline .828 & 12,68 \\ 2120 & \\ 2720 & \\ 256. & \end{array}$$

Maintenant si vous divisiez 2308 par 208 cornues
.228   11,
 20

vous ne trouverez que 11 degrés et 20 centièmes.

En prélevant les 1,600 degrés et les 100 cornues comme nous avons dit, vous ne trouverez que 11 degrés et une fraction de 20 insignifiante.

Autre exemple : J'admets que nous soyons en hiver, et que j'aie une cuite bleu pâle composée comme ci-après :

1° 26 millerolles huile d'œillette,
2° 34   —   saindoux,
3° 50   —   en gras ou débris de 5,000 kilog.

110 millerolles en totalité,

Vous trouverez ci-derrière la manière ou mode à suivre pour la levée de la cuite : entendons-nous bien, que cette composition, ne devrait pas se faire en la saison d'été, attendu que la pâte vous pèterait aux mises, ne pouvant parvenir à se raffermir pour pouvoir supporter la coupe ; laquelle, en hiver, par une pareille composition, il vous faudra de 12 à 13 jours, tandis qu'il ne faut ordinairement que 5 ou 6 jours si la composition était combinée pour une coupe ferme et même moyenne.

Donc vous devez calculer, qu'ayant une composition pareille, vous devrez avoir une lessive, quand votre marbrure sera à son point voulu en mettant soute, vous devez trouver un degré de 19 chaud ; il faut vous observer encore, que vous aurez été forcé à épiner durant la levée de la cuite, deux fois, de 25 à 30 cornues chaque fois, dont le tableau ne fait pas mention, et ne vous donne cependant qu'un degré à 13 et 15 centièmes de degré ; c'est donc 5 degrés et 85 centièmes de degré qui se sont détachés de la pâte pendant la levée de votre cuite, et qui vous procure le titre de 19 degrés au matras, en mettant soute ; et encore nous ne tenons pas compte des 60 cornues enuiron que nous avons épiné.

Les huiles de graines en général, ainsi que les saindoux, sont des corps gras pour lesquels on est forcé d'employer des lessives plus salées, et, nécessairement en levant la cuite, il doit s'en détacher naturellement plus, à proportion, qu'aux compositions avec des huiles d'olives. Il faut donc vous observer que si vous aviez une pareille composition, dès que votre cuite est finie d'être coupée aux mises, vous lui mettez, comme d'habitude, la quantité de cornues de lessives dites recuit froid ou avance, déjà indiquée, afin que les pains puissent danser, etc., etc. Et vous devez en outre ajouter à cette composition, une cornue de lessive salée, dite bon à chaque mise , ce qui aide à la pâte à pouvoir acquérir une consistance voulue ; et avoir soin de bien ménager vos pains les premiers jours en les faisant danser , et prendre toutes les précautions prescrites antérieurement.

Posons donc par principe , que les lessives concentrées donnent de la consistance à la pâte , lui procurant donc un sel , et avec l'aide du feu la précipite en coction ; et qu'au contraire, les lessives faibles sont impuissantes, faisant l'effet contraire, et lui font détacher le sel qui est cependant indispensable pour la demie ou entière liquéfaction.

```
Matras chaud 12 cornues à 30 degrés   —   360 degrés
   1re passée  48   id.    21   »   — 1008   »
   2e   id.    48   id.    16   »   —  768   »
   3e   id.    48   id.    15   »   —  720   »
   4e   id.    48   id.     9   »   —  432   »
   5e   id.    36   id.     5   »   —  180   »
   6e   id.    24   id.     5   »   —  120   »
   7e   id.    10   id.     3   »   —   30   »

   7  passées font 272 cornues et un total de    3578 | 272
                                                  858    13,15
                                                  420     5,85 sel.
                                                 1480    ─────
                                                  120    19,00
```

Nous allons donner un exemple ou deux du savon dit bleu vif, dont l'empâtage, détrempage, rélargage et coction sont les mêmes que pour les savons bleus pâles, seulement, on double la dose de coupe-rose après le détrempage en laissant serrer la pâte, c'est-à-dire, qu'au lieu de mettre un kilogramme et demi ou deux de couperose sur une cuite de savon bleu pâle de 110 à 120 millerolles, on en met de 3 à 4 kilogrammes pour une cuite en savon bleu vif ; ce qui fait

bien ressortir le blanc et le rouge que lui procure le brun-
rouge, ainsi qu'au blanc, provenant de la dem-liquéfaction
que lui ont procuré les lessives pendant la durée de la cuite
ou madrage.

Admettons donc la composition suivante :

Saindoux	20	millerolles.
Lin épuré	30	—
Ressence	22	—
Huile d'olive	3	—
Gras ou débris	35	—
Vous font	110	millerolles.

Vous verrez aussi par le tableau, la quantité et qualité
des lessives propres à lui procurer une marbrure satisfaisante quand on mettra soute ladite pâte. Il faut vous observer aussi qu'on y met un couffin de brun-rouge d'Espagne,
ou brun-rouge de Suède. Mais pour obtenir un rouge rose,
il convient de mettre moitié brun-rouge d'Espagne en poudre, et moitié brun-rouge de Suède , toujours en poudre ;
ces deux qualités de brun-rouge doivent être préparées et
délayées dans une grosse cornue ou deux à l'aide de l'eau
pure, les deux cornues contenant ensemble de 12 à 15 cornues de 3 pouadous chaque , et on ne doit employer ces 12
ou 15 cornues, qu'en arrosant avec la cassse cedit mélange
et à la dernière passée; c'est-à-dire, que lorsque l'on s'aperçoit que la pâté donne des indices qu'elle va être prête à
pouvoir la mettre aux mises. En la devançant donc un
peu, et calculer la quantité d'eau pure des 12 cornues,
et mitigeant nécessairement les degrés des autres lessives ; et
bien se calquer de ne plus prendre aucune espèce de lessives
après l'arrosrge du brun-rouge, à moins de vouloir enlever
et vous fairé manquer le but proposé de la couleur rouge.
Si après la septième passée, vous pesiez la lessive du matras,

vous verriez qu'elle pèserait près de 23 degrés au moins,
chaude. La huitième passée, pour lui procurer la couleur
rouge, diminue un peu les degrés ; mais d'après la composition de cette cuite, quand votre pâte aura atteint sa marbrure voulue, vous pourrez vous baser de trouver au matras
son alcali, marquant de 22 à 23 degrés chaud. Et cependant
d'après les quantités et qualités des lessives employées
d'après le tableau ci-contre, pour arriver à la fin de la levée
de la cuite, et lui procurer une marbrure satisfaisante, nous
ne trouvons en calculant que 16 degrés, et cependant nous
trouverons au matras de 22 à 23 degrés. C'est donc, par
conséquent, 7 degrés de sel que la pâte a rendu durant la
levée de la cuite.

Ne manquons pas d'observer que cette composition simulée est censé être chargée en hiver, ou pour le moins en automne, vu qu'en été ce serait se compromettre que de faire
un pareil chargement avec si peu de corps ; mais aussi votre
poids ou rendement est plus faible. Ainsi donc, règle générale, plus votre chargement a du corps, vos degrés des lessives au matras seront faibles, vu que la pâte hume plus
d'humide, et vous aurez plus de poids ou rendement, et
et votre pâte sera plus éclatante ; et par contre, moins de
corps aura votre composition en chargement, moins de
poids en savon vous trouverez au rendement, et votre pâte
aura moins d'éclat, et vous trouverez les lessives au matras
toujours plus fortes en degrés *ne varietur*. Voir le tableau
ci-après :

Lessive du matras 12 cornues à 32 degrés — 384 degrés
  1re passée en rompant 48 id.   20 » — 960 »
  2e id. ou 1re 48 id.   17 » — 816 »
  3e id.   36 id.   19 » — 680 »
      A reporter 174   *A reporter* 2834

	Report 174			*Report* 2834		
4° id.	36	id.	16 . »	—	576	»
5° id.	24	id.	12 »	—	288	»
6° id.	12	id.	6 »	—	72	»
7° id.	12	id.	6 »	—	72	»
8° id.	12	id.	0 »	—	0	»

Total des cornues   240   Total des degrés   3848 | 240

                                  1448   16,033

                                   800

                                   800

                                   80

Règle genérale , en levant une cuite on doit toujours diminuer en degrés à chaque passée suivante, et n'augmenter en degrés que si vous vous aperceviez d'un œillement trop grand ; mais cependant j'ai voulu ne pas suivre ladite à ce tableau, en portant ma troisième passée à 19 degrés, et la deuxième à 17 degrés, pour vous faire comprendre qu'au besoin cela ne fait rien pour arriver à bonne fin ; attendu que la pâte n'en reçoit pas moins son effet à la fin , mais c'est toujours contre la bonne règle des services, de prendre une lessive à 19 degrés à la deuxième passée et une lessive à 17 degrés à la troisième passée.

Autre exemple pour une cuite de savon bleu vif rouge, et d'une composition analogue à l'antécédante. Il est inutile de dire que toutes les manutentions sont les mêmes que pour le savon bleu pâle, à part la quantité de couperose que l'on met à la fin du détrempage , laquelle est en double dose comme il a été dit, plus le brun rouge d'Espagne, un couffin, dont un moitié brun-rouge d'Espagne, et l'autre moitié de Suède ; ce qui lui procure, comme vous le savez, une couleur rose. Tandis que si l'on ne met que d'une qualité desdits bruns-rouges , ou la couleur est trop chargée ou trop claire. Devant toujours délayer ledit brun-rouge bien pulvérisé dans une ou deux cornues contenant de 12 à 15 cornues de 3 pouadous chaque, par l'intermédiaire de l'eau pure, et ne mettre ce liquide qu'à la fin de l'opération du madrage ; c'est-à-dire, lorsqu'on reconnaît que l'œillement existe à la pâte, et que vous jugez convenable de faire encore à ladite pâte, une ou deux petites passées. C'est alors, dis-je, le moment d'employer votre brun-rouge, vu que si après avoir mis votre brun-rouge, vous vous permettiez de faire une ou deux passées, vous précipiteriez votre brun-rouge au fond de la chaudière, et votre opération serait manquée.

Nous allons donc admettre avoir une composition en chargement d'une cuite à la ligne :

Huile d'olives	10	millerolles
Lin brut	10	—
Lin épuré	21	—
Ressence	10	—
Huile d'olives ou fond des piles	20	—
Complément en gras ou débris	39	—

Total   110 millerolles.

Il faut que je vous observe que si vous pesiez votre lessive du matras avant que de mettre vos 12 cornues d'eau pure pour parvenir à lui introduire le brun-rouge, vous devriez trouver votre lessive à 22 degrés chaude. Admettez que vos 12 cornues d'eau pure, modifie de 1 degré votre pâte ; une partie de sel se détache de nouveau par l'introduction de ces 12 cornues. Vous vous trouverez toujours avoir levé votre cuite à 22 degrés à la lessive du matras , et ce, provenant toujours des sels qui se détachent pendant l'opération, ou des passées diverses que l'on est obligé de faire pour pouvoir parvenir à obtenir une marbrure voulue , c'est-à-dire, une demi-liquéfaction. Ci-joint le tableau.

```
Lessive du matras chaude 15 cornues à 29 degrés —    425 degrés
  1re passée en rompant 48   id.    21   »   —  1008   »
  2e id. ou  1re        48   id.    19   »   —   912   »
  3e id.                48   id.    18   »   —   912   »
  4e id.                60   id.    15   »   —   900   »
  5e id.                10   id.     8   »   —    80   »
  6e id.                10   id.     8   »   —    80   »
  7e id. brun-rouge     12   id.     0   »   —     0   »

  Total des cornues    251        Total des degrés  4317 | 251
                                                    ________
                                                    1807     17,19
                                                     500
                                                    2490
                                                     241
```

En divisant donc les 4317 degrés par le nombre de cornues 251, nous obtiendrons 17 à 19 centièmes de degrés. Cependant , comme je vous l'ai observé, nous trouvons au matras une lessive à 22 degrés chaude ; c'est donc la cause seule du sel qui se détache.

Je vous dirai donc encore une fois , que plus votre chargement en huile a du corps, plus vous trouverez vos degrés en lessive moindre au matras ; attendu que votre pâte étant forte , supporte nécessairement une quantité plus abondante de lessives faibles, ce qui vous fait trouver un degré faible ; mais par contre un poids plus avantageux en rendement. La base est toujours quand on va mettre soute ou à la fin de la levée de la cuite, et par contre donc, si vous avez un chargement d'huile ou autre corps gras qui ait moins de corps, vous trouverez alors, au moment de mettre soute, un degré plus élevé au matras ; attendu que la pâte n'a pu se saisir d'une aussi abondante quantité de lessives faibles, et nécessairement le poids en rendement en savon sera moindre. Donc les huiles d'olives sont en première ligne pour ce qui concerne le corps, et donnent par conséquent plus de poids en savon. Vous avez l'avantage aussi d'obtenir et de pouvoir présenter son produit, préférable par son éclat, dégraissant plus activement le linge, et ne le détruisant pas si vite. Le produit en savon desdites huiles d'olives, en choisissant surtout les qualités qui ont du corps et fabricant du savon dit recuit, est des plus fermes, et a l'avantage de pouvoir supporter par mer de longues traversées sans s'altérer, et a encore l'avantage aussi de ne pas rancir aussi vite que les autres savons, ne fondant pas même sous les tropiques ! Au reste, en général, tous les savons provenant des huiles d'olives, ont plus ou moins cette vertu ; tandis qu'en général toutes les huiles de graines ou autres corps gras, donnent un rendement moindre en savon, rancissent plus vite que les premiers, donnent plus de peine à la blanchisseuse pour obtenir un linge propre, la consommation devient plus forte, et malgré la dépense et le travail, votre linge ne pourra acquérir une si belle blancheur et une si bonne odeur.

Je m'abstiens de donner un exemple sur une composition pure en chargement de blanc, ou bleu pâle, ou bleu vif rouge, ou bleu, ou bleu pâle, provenant des gras des cuites des savons blancs ; je vous renvoie à la page 26.

Maintenant disons un mot sur les savons bleus pâles dits ou appelés savons gras ; il est bien convenu, comme nous l'avons déjà dit, que chaque cuite de savon blanc vous procure un gras équivalent à 20 millerolles d'huile ou 2,000 kilogrammes de savon que l'on repasse à une autre cuite de savon blanc, et lorsqu'on en a deux de ces dits gras repassés, on les fait passer dans une cuite de savon bleu pâle ; mais pour ces dits mêmes gras repassés. On peut aussi les utiliser en savon bleu pâle gras de la manière suivante.

Lorsqu'à une cuite de savon blanc il se trouve dans ledit chargement deux gras repassés, il faut, sitôt que vous avez enlevé toute la belle pâte de savon blanc, dans laquelle chaudière il vous reste donc les deux gras repassés d'un poids de 4,000 kilogrammes les deux ensemble, et plus une quantité de 5 à 600 kilogrammes provenant du nouveau gras qu'a produit ce dit chargement auquel il est rentré 70 millerolles d'huile, vous forme donc en gras de 4,500 à 4,600 kilogrammes de savon, et d'une quantité de 100 à 110 cornues de lessives faibles de 9 à 12 degrés. Vous dégraissez donc de suite votre gras par le moyen de 25 cornues de lessives dites avances de 20 à 22 degrés que l'on arrose à la cornue comme si l'on voulait faire un service, et le contre-maître ou un ouvrier armé d'un rédable, madre en tout sens du sol de la fabrique, et dans uu intervalle de 10 minutes environ de repos, à cette lessive et auxdits gras ; il doit être nécessairement dégraissé. Alors on ouvre le matras, on s'assure de ladite lessive en faisant l'épreuve du bon par grande-sûreté au besoin, et on laisse épiner un mallon au moins de lessive, ce qui équivaut à 80 ou 90 cornues de lessives.

Admettons qu'il vous reste encore dans la chaudière de 20 à 25 cornues de lessives à 12 degrés, et 25 cornues de lessives dites avances de 20 à 22 degrés que vous y ajouterez, en madrant de la même manière que pour le dégraissage, vous obtiendrez votre marbrure ou demi-liquéfaction.

Il est facile à concevoir qu'il est indispensable de se servir des lessives dites avances ou lessives troisièmes, et même secondes au besoin, pour pouvoir obtenir une marbrure satisfaisante de ce savon dit gras ; attendu que la lessive du matras, même après le dégraissage, ne marque que 12 degrés au pèse-lessive, ce qui vous oblige à employer des lessives

plus concentrées pour pouvoir arriver à la demi-liquéfaction.
Vous saisirez de suite cette opération, en vous rappelant la
levée des cuites de savon bleu pâle ou bleu v.f, comparant
les lessives du matras avant que d'y monter dessus, allant
ou marquant au moins 30 degrés, ce qui vous force donc
d'employer des lessives jusqu'à un titre de 5 degrés; tandis
que les lessives au matras desdits gras, avant d'y monter
dessus ou de leur procurer la marbrure, n'atteignent que
12 degrés.

Il est urgent de vous faire observer que cette pâte desdits
savons gras, doit être levée avec un œillement plus grand
que pour les cuites des savons bleus pâles; parce que
1° cette pâte sèche naturellement plus vite aux mises, parlant à proportions égales en quantité de pâte aux mises, et
elle sèche donc bien plus vite, vu que la quantité est moindre,
n'ayant qu'un peu plus d'un tiers de pâte que les cuites de
bleu pâle ou bleu vif; le siccatif des savons gras est donc
beaucoup plus prompt, ce qui vous nécessite de lever plus
grand, c'est-à-dire, de deux ou trois degrés en moins que
pour la levée des cuites des savons bleus pâles. Cesdits
savons gras, dès qu'ils ont reçu leur œillement voulu, on les
coule habituellement dans les mises des savons bleus pâles
et aussi à l'aide des canaux en bois, et dès que la pâte peut
vous supporter, on la trace et on la coupe comme si c'était
du savon blanc; à la différence que le poids desdits pains, est
souvent d'un poids de 30 kilogrammes l'un, cela n'y faisant
rien, attendu que ces pains servent pour décatir les draps
et qu'on les emploie souvent en entier, et étant plus gros
plus ils durent à l'emploi du décatissage, et procurent donc
moins de déchet aux fabricants de draps, et se trouvent par
conséquent de convenance à cesdits consommateurs.

Donc les indices et mêmes procédés pour arriver à un
point désirable pour leurs demi-liquéfactions, sont les mêmes

que pour les savons bleus pâles ; seulement comme cesdits gras sont sans nerfs après leurs liquidations, il est indispensable de recourir à des lessives dites avances troisièmes et même secondes, sans recourir aux lessives faibles ; attendu que la lessive du matras, en commençant par leurs marbrures, ne marque que de 9 à 12 degrés, tandis que pour le bleu pâle leurs lessives marquent de 29 à 32 degrés. Alors vous devez concevoir qu'on est forcé d'employer à leurs madrages, les lessives faibles déjà indiquées pour pouvoir arriver au but désiré.

Habituellement on emballe cesdits pains de savon bleu pâle gras en entier dans des couffes en nattes , et ce savon se vend de 1 à 2 francs de plus par 100 kilos que les savons bleus pâles non dits gras, c'est donc lucratif pour le fabricant : 1° parce que la levée est , j'ose dire , subite sans feu, économie de main-d'œuvre, n'étant pas obligé de les couper en barres. Seulement, consciencieusement, je suis obligé de dire que si on grenait cette pâte, vous auriez nécessairement un peu plus de poids en savon. Mais calcul fait, l'économie qu'on y trouve en les réduisant en savon bleu pâle dit gras, fait la compensation, aussi moins de déchet, etc., etc.

Je ne parlerai pas de la vapeur ou serpentine, la connaissant sans m'en être servi; n'aimant pas et detestant même la critique, ne voulant citer que des faits mis par moi à l'épreuve.

Je dirai un mot sur la manière ou mode de préparer les olives dites à la picholine , attendu que dans les localités où on cultive l'olivier, les habitants ont l'habitude, j'ose dire tous, qui plus qui moins, de faire une provision d'olives qu'ils cueillent vertes sus l'arbre, et ceux qui ne sont pas propriétaires n'ayant pas d'olives, achètent des olives vertes et les portent au fabricant de savon qui se trouve sur la localité, lequel par le moyen des lessives dites barilles , enlève l'amertume ou le mucilage laiteux desdites olives moyennant une légère rétribution, et ce, dans les 24 ou 48 heures au plus. Les propriétaires viennent donc reprendre leurs olives et les coulent ou les font purger eux-mêmes, chez eux, par le moyen de l'eau pure, et après ils se font eux-mêmes leur saumure à leur guise, c'est-à-dire, à leur goût. J'oubliais de vous dire qu'ils font purger leurs olives pendant 8 à 9 jours consécutifs, en changeant l'eau pure desdites olives au moins une fois par jour.

Je vais donc donner le mode à suivre pour enlever ledit amertume des olives ; on doit prendre des lessives douces dites barilles de 18 à 20 degrés et réduire cette même lessive à 5 degrés au pèse-lessive par le mélange avec de l'eau pure ; donc une fois réduite au titre de 5 degrés, vous avez abreuvé la quantité d'olives de cette même lessive jusqu'à ce qu'elles soient submergées, en ayant soin de mettre au-dessus de l'urne ou marmitte contenant les olives, une pièce en toile ou en coton bien propre, afin que toutes les olives reçoivent l'action de la lessive, et que l'air ne les prenne, ce qui leur occasionnerait une détérioration, et elles doivent rester dans cette lessive à 5 degrés pendant 24 heures un peu plus ou un peu moins ; c'est-à-dire, jusqu'à ce que cette lessive parvienne ou ait pénétré jusq'au noyau ou au cœur de l'olive, et ait dévore la partie laiteuse ou mucilagineuse de l'olive. Au reste on peut s'en convaincre facilement en coupant une olive, en enlevant une tranche de sa chair avec un couteau ou canif jusqu'au noyau, et ce, un peu avant les 24 heures et vous voyez parfaitement sur la chair de l'olive, jusqu'où la lessive a pu pénétrer ; changeant de couleur en recevant l'action de la lessive, et ainsi donc, dès vous vous apercevez que la lessive a pénétré jusqu'au noyau de l'olive, vous devez nécessairement couler de suite vos olives, jeter la lessive et les remettre dans de l'eau pure ; car

si vous les laissiez plus, vos olives ne pourraient pas se conserver, et deviendraient dans un mois ou deux au plus tard
en putréfaction par un trop long séjour dans ladite lessive,
laquelle aurait fait éprouver à la chair de l'olive une trop
forte macération.

Il faut que je vous observe aussi que si vous mettiez une
lessive provonant du coulage des barquieux, quoiqué toujours lessive douce dite barille, à 5 degrés, vous parviendriez
à enlever l'amertume auxdites olives, mais ces mêmes ne se
conserveraient pas autant, et auraient un goût de sulfure qui
vraiment répugnerait en les mangeant, vu qu'il est prouvé
que le sulfure des soudes factices ne se détache en grande
abondance que sur la fin de leur épuisement en alcali. Si
vous aviez des lessives provenant des soudes naturelles, cela
vaudrait encore mieux, et toujours au même degré donné,
en opérant de la même manière ; seulement, l'intervalle
pour la parfaite macération se prolongerait de quelques
heures de plus qu'avec les soudes factcies. La lessive naturelle agissant plus lentement que la factice ; mais vos olives
n'en seraient que meilleures et seraient plus de conserve en
employant les lessives douces naturelles.

Mais je dirai que plusieurs propriétaires se font eux-
mêmes l'opération pour la conserve desdites olives de différentes manières. Je ne citerai que deux modes ou manières
à suivre, sans le secours des savonneries ; voici la première
pour retirer l'amertume aux olives : sur vingt-cinq livres
d'olives vertes, il faut 1° demi-panal de bonnes cendres et
deux picotins de fleur de chaux, vous mêlez le tout ensemble dans un chaudron d'eau pure, et vous faites bouillir le
tout ensemble jusqu'à ce qu'il soit réduit aux deux tiers ,
bien entendu le liquide, lequel aura pris alors sa substance
alcaline. Vous le laissez alors refroidir, après vous passerez
le tout dans une serviette bien propre, et vous mettrez vos

olives dans cette dite lessive et les laisserez tremper pendant 24 heures consécutives au moins ; après vous les coulerez à l'eau pure pendant neuf jours, et vous y mettrez la saumure dont la recette suit : sur vingt-cinq livres d'olives, il faut mettre deux livres et demie de sel, une petite poignée de fenouil, autant de thym, quelques feuilles de laurier, quinze centimes de bois de rose, quinze centimes de coriandre, dans une quantité d'eau suffisante pour que les olives puissent être submergées par ladite saumure. Vous ferez donc bouillir le tout pendant une demi-heure, vous ferez un petit sac dans lequel vous mettrez dix centimes de canelle, dix centimes de poivre, vous pilerez à moitié ces trois articles, vous les ferez bouillir seulement un quart d'heure, et lorsque la salaison sera bien refroidie, vous mettrez vos olives dans une urne et vous versez le tout sur les olives en enlevant le petit sac, et faire bien attention, je le répète, que la saumure soit bien refroidie.

Autre système qui m'a été divulgué par notre digne et brave pasteur, monsieur Pierre-Germain Martin, à l'église de la commune de la Garde, près Toulon-sur-mer (Var).

Ce mode est bien simple, l'ayant essayé pendant plusieurs années et continuant de le suivre. Les olives conservent leurs couleurs naturelles, et résistent pendant deux ans toujours mangeables, et voici comment : vous cueillez une quantité d'olives vertes sur l'arbre, vous les pesez, les mettez dans une urne vous les abreuvez d'eau pure pour que les olives surnagent, et vous y mettez une once de sel par livre d'olives ; vous couvrez votre urne afin que rien n'y tombe au dedans, et vous les laissez sans y faire autre chose, sans y faire de saumure. Les olives restent dans la même eau ; il leur faut à la vérité de 20 à 30 jours de plus pour être à leur point désiré, mais elles peuvent néanmoins se manger malgré le peu d'amertume, mais plus elles vieillissent, et plus elles gagnent en bonté ; aussi c'est le procédé que je pratique et que je suivrai toujours, tant que Dieu me prêtera vie, et j'engage mes lecteurs à le suivre.

FIN.

TABLE DES MATIÈRES.

Pages.

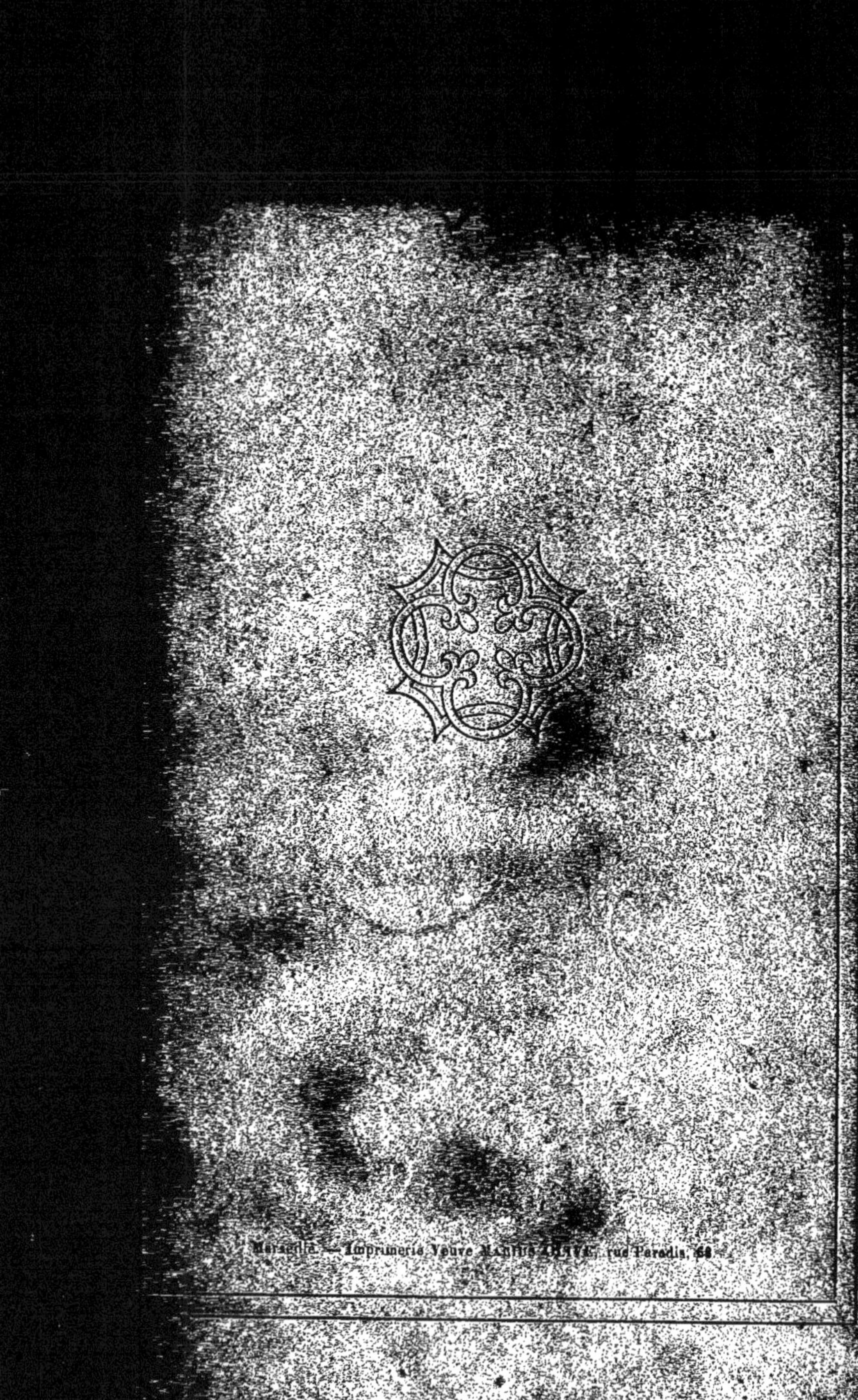

Marseille. — Imprimerie Veuve Marius Olive, rue Paradis, 60